인디게임 명작선

A Guide to Indie Games by Haruhisa Tanaka
Copyright ⓒ Haruhisa Tanaka / P-VINE, Inc. 2021
All rights reserved.

Original Japanese edition published by P-VINE, Inc.

Korean translation copyright ⓒ 2023 by Samho Media
This Korean edition published by arrangement with P-VINE, Inc., Tokyo,
through Botong Agency

이 책의 한국어판 저작권은 Botong Agency를 통한 저작권자와의 독점 계약으로 삼호미디어가 소유합니다.
신 저작권법에 의하여 한국 내에서 보호를 받는 저작물이므로 무단전재와 무단복제를 금합니다.

A GUIDE TO INDIE GAME

인디게임 명작선

이마이 신 외 6명 지음 | 송해영 옮김 | 타나카 "hally" 하루히사 · 이동헌 감수

samho MEDIA

서문

이 책은 수많은 인디게임 가운데 '이건 꼭 플레이했으면' 하는 작품을 골라 소개한다. 인디게임 세계에 끌리지만 어디부터 손대야 좋을지 모르겠다는 사람부터 드넓은 인디게임의 바다에서 취향에 맞는 게임을 찾기 위한 이정표가 필요한 사람까지 초보~중수를 주요 독자로 상정하고 썼지만, 인디게임 마니아도 새로운 사실을 발견할 수 있을 것이다.

인디게임이라는 말이 널리 쓰인 지도 어느새 10년이 지났다. 지금은 인디게임으로 시작해 히트작 반열에 오른 타이틀도 드물지 않고, 인디게임이라는 존재는 완전히 자리를 잡은 듯 보인다. 하지만 인디게임의 전체상은 오히려 모호해지는 추세다. 매달 발매되는 인디게임 수는 과거보다 폭발적으로 늘어나 지금은 신작을 따라잡기가 벅찰 정도다. 그리고 인디게임과 일반적인 상업 게임의 경계가 희미해지면서 이제는 무엇이 인디고 무엇이 아닌지 구분하기도 쉽지 않다. 이쯤에서 인디게임의 역사를 되짚고 인디게임사에 남을 명작을 추려 보는 것도 나쁘지 않으리라. 그 과정에서 무엇이 인디를 인디답게 만드는지 재인식할 수 있다면 인디게임의 미래에 긍정적인 영향을 미칠 것이다.

인디게임 하면 흔히들 '소규모 인원이 저예산을 들여 개발한 파격적인 게임'이라고 생각한다. 하지만 어느 정도가 소규모고, 얼마까지가 저예산이고, 무엇을 근거로 파격적이라고 볼 수 있는지에 대해 모든 사람이 수긍할 만한 기준은 무엇 하나 존재하지 않는다. 이외에도 앞서 이야기했듯이 최근 들어 인디와 상업 간 경계가 모호해지는 추세인데, 여기에 억지로 선을 그으려고 해 봐야 게이머들의 반발을 살 뿐이다. 결국 이론만 앞세워 인디게임을 정의하기는 불가능할 것이다.

하지만 정의에 대한 논의와는 별개로 '인디다움' 하면 많은 사람이 공유하는 이미지가 있다. 이러한 공감대에 관해서는 뒤에 나올 칼럼(143p, 173p)에서 고찰하므로 여기서는 자세히 다루지 않겠다. 아무튼 '일반적인 상업 작품에서는 나올 수 없는' 요소가 플레이어의 마음을 끌어당긴다면 그것은 인디게임이라고 불러도 무방할 것이다. 이 책은 그러한 점에 무게를 두고 인디 신에 정통한 필진에게 '인디다움이 돋보이는' 작품을 골라 달라고 부탁

했다. 예산과 개발 규모의 범위는 넓게 잡고, 지금은 대형 프로젝트로 발전했어도 시작은 인디게임인 「마인크래프트」와 같은 사례 역시 게재 대상에 포함했다. 반대로 오랜 기간 상업 작품으로 실적을 쌓아 온 개발자가 '사내 인디' 형태로 발매한 작품은 제외했다. 이들 역시 인디 신에서는 중요한 역할을 맡고 있지만, 한정된 지면으로는 '어디까지를 사내 인디로 볼 것인가?'라는 또 다른 난제에 제대로 대응하기 힘들다 보니 이 점은 양해를 바란다.

이 책에서 소개하는 인디게임은 모두 **지금도 판매처나 배포처에서 구할 수 있으며 현존 플랫폼에서 실행 가능**하다. 동인 게임과 프리 게임부터 스마트폰 앱까지, 가능한 한 폭넓은 인디게임을 망라할 수 있도록 신경 썼으며 발표 당시에는 인디게임이라고 불리지 않았던(하지만 현재 시점으로는 인디게임이라고 부를 수 있는) 타이틀도 포함했다. 다만 **2000년 이전에 나온 작품은 이후 다른 기종으로 이식되거나 리메이크되었더라도 게재 대상에서 제외**했다(극히 일부 예외는 있음). 21세기 인디게임과 이전 세기 인디게임(이라고 볼 수 있었던 것) 사이에는 작품을 둘러싼 환경이 완전히 다르기 때문이다. 물론 80~90년대 선구적인 작품 중에도 눈여겨볼 만한 것이 많지만 오늘날 인디게임 입문자가 이들을 즐기려면 많은 적든 인디게임사를 짚고 넘어갈 필요가 있다. 그 부분에 지나치게 많은 분량을 할애하면 이 책의 의도가 흔들릴지도 모른다고 생각했다.

마지막으로 이 책이 나올 수 있도록 힘써 준 모든 이들에게 진심으로 감사하고 싶다. 특히 기획 단계부터 조언과 제안을 아끼지 않은 IGN JAPAN의 이마이 신 부편집장에게는 몇 번을 감사해도 모자라다. 이마이 부편집장의 인디게임 신에 관한 날카로운 견해와 작품 및 집필자 선정 관련 조언이 없었더라면 이 책은 나오지 못했을 것이다. 그리고 전에 없던 책 출간을 위해 애쓴 《ele-king》 편집부 코바야시 타쿠네(小林 拓音)와 기획안 작성 과정에서 남모르게 노력한 오랜 친구 코다마 요시히사(児玉 宜久)에게도 이 자리를 빌려 고마움을 전한다.

타나카 "hally" 하루히사

CONTENTS

서문 ·· 004

S1		3D ACTION	008
S2		3D SHOOTER	020
S3		2D ACTION	028
S4		2D SHOOTER	066

COLUMN1 | 인디게임 입문: **당신은 스마트폰파? 콘솔파? 아니면 PC파?**
타나카 "hally" 하루히사 ··· 078

S5		ADVENTURE	080
S6		ADVENTURE(WALKING SIMULATOR)	098

COLUMN2 | 사회를 바꾼 인디게임: **폴란드의 사례**
토쿠오카 마사토시 ··· 107

S7		ADVENTURE(POINT AND CLICK)	108
S8		PUZZLE	114
S9		ROLE-PLAYING	132

COLUMN3 | 인디의 자유: **게임이 성소수자를 묘사하는 법**
키즈 츠요시 ·· 141

COLUMN4 | 그래서 인디게임은 무엇인가: **그 역사를 되돌아보다(1)**
이마이 신 ··· 143

S10		STRATEGY	144
S11		OTHERS	160

COLUMN5 | 그래서 인디게임은 무엇인가: **그 역사를 되돌아보다(2)**
이마이 신 ··· 173

INDEX ·· 174

이 책을 보는 법

A. 게임 제목
번역 제목이 없을 경우 원제를 표기. 번역 제목이 있는 작품은 번역 제목을 우선하고 괄호 안에 원제를 표기했다.

B. 플랫폼
2023년 4월 기준 플레이 가능한 플랫폼. 더 자세한 내용은 아래 표 참고.

C. 발매연도
작품이 발매 또는 공개된 해. 원칙적으로 정식판이 발매 또는 공개된 해를 기준으로 하나 스팀 판매 작품은 얼리 액세스판 발매연도를 싣기도 했다.

D. 개발
해당 게임을 개발한 회사나 개인. 개발사와 유통사가 다를 경우 개발사만 표기했다.

대응 기기 약칭

PC	윈도우 PC, 맥, 리눅스
PS	플레이스테이션 현행 기종 (Playstation 4 혹은 Playstation 5)
Xbox	엑스박스 각 기종 (Xbox 360 혹은 Xbox One 혹은 Xbox Series X)
Switch	닌텐도 스위치
Oculus Quest	오큘러스 퀘스트
Android	안드로이드
iOS	iOS(아이폰 혹은 아이패드)
그 외	구세대 가정용 게임기 (닌텐도: WiiU 이전의 거치형 콘솔 게임기, Nintendo 3DS 이전의 휴대형 콘솔 게임기, 소니: Playstation 3 이전의 거치형 콘솔 게임기, PS Vita 이전의 휴대형 콘솔 게임기 등)

본문 속 약칭

ACT	액션 게임
STG	슈팅 게임
FPS	1인칭 슈팅 게임(First-person Shooter)
TPS	3인칭 슈팅 게임(Third-person Shooter)
ADV	어드벤처 게임
RPG	롤플레잉 게임
ARPG	액션 롤플레잉 게임
JRPG	재패니즈 롤플레잉 게임
RTS	실시간 전략 게임(Real-Time Strategy)
NPC	논 플레이어 캐릭터

3D ACTION

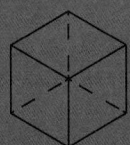

3D 액션은 게임 시장에서 인기 있는 장르 중 하나다.
3D 액션이라고 하면 다이내믹한 스테이지를 활보하고 필드 위 장애물을 뛰어넘고
적을 피하거나 날려버리는 광경을 떠올리기 쉽지만, 인디게임의 세계는 그리 호락호락하지 않다.
이번 장에서 소개하는 게임은 저마다 개성 넘치는 플레이 감각을 자랑한다.
고정관념을 그대로 따른 작품은 오히려 소수파에 속한다.
공통점이라고는 스테이지를 휘젓고 다닌다는 사실뿐이다.
흐물흐물 움직이는 통에 똑바로 걷기조차 힘든 물리 엔진 게임부터
'이런 설정인데 액션 게임이라고?' 놀라게 하는 타이틀까지,
인디스러움이 흘러넘치는 3D 액션 게임의 세계로 빠져들어 보자.

3D_ACT 휴먼: 폴 플랫(HUMAN: FALL FLAT)

001 휴먼: 폴 플랫 (HUMAN: FALL FLAT)

`PC` `Switch` `PS` `Xbox` `iOS` `Android`   발매연도: 2016 개발: No Brakes Games

흐물흐물 움직이는 캐릭터 때문에 일본에서는 '후냐베(흐물이)'라고도 불리는, 퍼즐 요소가 강한 액션 게임. 주인공인 밥(Bob)은 온몸이 하얗고 술 취한 사람처럼 비틀비틀 움직이는데, 손으로 무엇이든 쥘 수 있다. 스테이지에 놓인 물건을 잡아서 옮기는 것은 기본이고, 기둥을 잡은 채 돌아다니거나 발을 움직여 발치에 있는 물체를 움직이는 식으로 응용도 가능하다. 캐릭터뿐만 아니라 스테이지 전체에 영향을 미치는 물리 엔진은 상자로 스위치를 누르거나 물건을 굴리는 것은 물론 뗏목에 돌을 실어 가라앉히거나 지렛대의 원리를 이용해 막대기로 철책을 구부리는 등 '어쩌면 가능하지 않을까?' 하는 플레이어의 상상력을 매번 만족시킨다. 처음에는 젤리처럼 물컹거리는 몸 탓에 똑바로 착지하기조차 힘들지만 익숙해지면 벽을 타고 올라가거나 물건 두 개를 한 번에 잡고 옮기는 것쯤은 일도 아니다. 차 운전이나 배 조종까지 가능할 정도다. 물론 잘 나가다가도 몸이 마음대로 움직여 예상치 못한 해프닝이 벌어지는데, 이것이 바로 「휴먼: 폴 플랫」의 매력 포인트다. 이러한 매력 포인트는 멀티 플레이에서 극대화된다. 플레이어끼리 힘을 합쳐 도전 과제를 해결하는 것도 좋지만 모여서 와글와글 떠들기만 해도 카오스한 상황이 펼쳐져 한바탕 웃음을 터뜨리게 된다. 캐릭터에 모자를 씌우거나 색깔을 입혀 플레이어가 원하는 대로 꾸밀 수도 있다. (치바)

002 언타이틀드 구스 게임 (UNTITLED GOOSE GAME)

`PC` `Switch` `PS` `Xbox`　　　　　　　　　　　발매연도: 2019 개발: House House

찹찹 돌아다니고 휘휘 헤엄치고 꽥꽥 운다. 매 순간 귀여운 거위를 감상할 수 있는 액션 게임. 거위가 마을 사람들의 눈을 피해 말썽을 부린다는 내용인데, 정원사의 샌드위치를 슬쩍 빌려서 소풍을 하거나 할머니를 창고에 가두는 식이다. 마을 사람들은 거위를 발견하면 그 자리에서 내쫓으려 하므로 커다란 물건이나 풀숲 뒤에 숨어 빈틈을 노리다가 장난을 친다는 점에서 숨바꼭질과 비슷하다. 물론 피해를 본 마을 사람들이 진심으로 거위를 때리는 것은 아니고, 전체적으로 평화로운 분위기로 가득 차 있어 가족끼리 즐기기도 좋다. (치바)

---

003 파포 앤 요 (PAPO & YO)

`PC`　　　　　　　　　　　　　　발매연도: 2013 개발: Minority Media

주인공 퀴코와 친구인 괴물이 마법의 힘으로 아름답고 기묘하게 뒤틀린 브라질의 슬럼가 파벨라를 모험하는 액션 퍼즐 게임. 괴물은 판타지 형식을 빌리고 있으나 개발자가 어릴 적 학대당한 경험을 주제로 삼았다는 점에서 자전적인 게임이다. 평소 온순하지만 술만 마시면 난폭해지는 아버지를 괴물에 빗대어 멀찍이 떨어진 채 서로 상처 입히지 않을 거리를 재던 어린 시절을 되돌아본다. 그렇다고 해서 권선징악을 강조하지도, 성공 체험을 내세우지도 않는다. 아버지와의 갈등을 매듭짓기 위한 여정을 게임 속에 녹여낼 뿐이다. 결말을 받아들이는 방식이 플레이어의 수만큼 존재할, 개발자가 자신의 반생을 그리는 타이틀이다. (후루시마)

004 TEARDOWN

PC 발매연도: 2020 개발: Tuxedo Labs

「마인크래프트」(161p)가 전무후무한 성공을 거두면서 하나의 표현 방법으로 자리 잡은 복셀(voxel)을 이용해 눈에 보이는 족족 때려 부술 수 있는 세계를 만들어냈다. 물론 부수는 것으로 끝이 아니다. 파이프를 받치는 철골을 부수면 파이프가 기울고, 상황에 따라 바닥으로 떨어진다. 복셀 특성상 그래픽이 거칠기는 해도 움직임 자체는 매우 현실적이다. 이처럼 현실을 빼닮은 세계에서 플레이어는 강도가 되어 벽이나 바닥을 부수면서 미션을 해결한다. 복셀과 물리 엔진을 연구하던 게임 개발자는 시간이 흘러 누구나 즐길 수 있는 게임을 만들어냈다. '이러이러한 게임을 만들고 싶다'라는 목표가 아닌 개발자의 순수한 탐구심에서 비롯했다는 점이 독특한 게임이다. (후루시마)

005 SURGEON SIMULATOR

PC | iOS | Android 발매연도: 2013 개발: Bossa Studios

플레이어는 메스를 든 집도의가 되어 목숨이 위험한 환자를 살려야 하지만, 마우스로 왼손을 옮기거나 돌리고, 키보드로 손가락 하나하나를 움직이는 식으로 조작이 독특하기 때문에 수술은 뜻대로 되지 않는다. 조작체계가 이렇다 보니 섬세한 수술은 물론이고 물건을 옮기기조차 힘들다. 들고 있던 장기를 떨어뜨리고 나면 자기도 모르게 헛웃음이 나올 정도다. 이러한 블랙 유머가 「서전 시뮬레이터」의 성공 요인이다. 중요한 도구는 가까이 다가가면 손에 달라붙는 등 난도 조절이 적절히 이루어져 있어 액션 게임으로서 완성도가 높다. VR 버전 및 아예 다른 게임을 하는 듯한 속편도 있다. (요나시)

006 BESIEGE

PC   발매연도: 2015 개발: Spiderling Studios

나만의 공성 병기로 적의 성을 무너뜨려라! 뼈대가 되는 목재, 목재를 보강하는 철근, 용수철이나 톱니바퀴와 같은 기계 부품, 창이나 화염방사기와 같은 무기 등 다양하게 마련된 블록을 자유롭게 조합해 나만의 공성 병기를 만드는 게임이다. 발리스타(석궁), 캐터펄트(투석기)처럼 실제로 존재했던 공성 병기뿐만 아니라 깜짝 놀랄 만한 기믹으로 적을 쓰러뜨리는 새로운 공성 병기도 만들 수 있다. 플레이어들이 창의력을 발휘한 결과 공성 병기의 틀을 넘어 비행기, 차, 심지어 로봇까지 다양한 작품이 나오고 있다. 창작을 즐기는 것으로 끝이 아니라 각 미션에 맞는 머신을 만드는 캠페인 모드도 있어서 플레이의 폭이 넓다. (요나시)

007 SUPERFLIGHT

PC   발매연도: 2017 개발: GrizzlyGames

윙슈트에 몸을 맡긴 채 시속 200km로 드넓은 하늘을 활공하는 베이스 점핑을 구현한 게임. 다만 시뮬레이터와는 거리가 멀고, 정해진 코스를 따르지도 않는다. 이 게임에서 요구하는 것은 단 하나. 당장 부딪혀도 이상하지 않을 만큼 아슬아슬하고 스릴 넘치는 비행이다. 어디를 어떻게 날든 자유지만 위험할수록 높은 점수를 받을 수 있다. 단순하지만 그렇기에 중독성이 넘친다. 영상 면에서 현실성을 추구하지는 않으며, 거친 복셀 그래픽으로 지형의 높낮이가 뚜렷한 맵(바위산)이 랜덤 생성된다. 재미있는 맵이 만들어지면 친구들과 같이 즐겨 보자. 파고들기 요소는 없지만 3,300원이라는 가격을 고려하면 아쉬운 것 없는 게임이다. (h)

008 데드 바이 데이라이트 (DEAD BY DAYLIGHT)

PC | PS | Switch | Xbox | Android | iOS

발매연도: 2016　개발: Behaviour Interactive Inc.

동이 트지 않는 밤과 자욱한 안개가 이어지는 이 세계로 끌려간 사람들. 그곳은 악마 엔티티가 만든 안개의 세계다. 도망치려 해도 엔티티가 모은 괴물들이 곳곳에서 이빨을 드러내고 있다. 죽여도, 죽어도 끝나지 않는 희생제가 다시 시작되려 한다. 이 작품은 희생제에서 도망치려는 인간(생존자, 4명)과 그들을 죽이려는 괴물(살인마, 1명)이 목숨을 건 숨바꼭질을 하는 비대칭 대전 게임이다. 숨바꼭질이라고 하면 다소 시시해 보일지 모르지만, 이 게임에서 이루어지는 것은 공포물의 문법을 따른, 죽느냐 사느냐를 건 추격전이다. 살인마는 공포 영화에 나올 법한 다양한 능력으로 생존자를 궁지로 몬다. 순간 이동으로 생존자를 쫓는 살인마도 있고, 함정을 설치해 먹잇감이 걸리기를 기다리는 살인마도 있다. 생존자는 살인마를 쓰러뜨릴 수 없으므로 무조건 도망쳐야 한다. 살인마의 마수를 피해 제한 시간 내에 필드에서 탈출하면 이긴다. 맵은 각 희생제가 시작될 때마다 자동으로 생성되는데 출구를 여는 발전기도 무작위로 배치된다. 생존자는 살인마의 마수를 피해 뿔뿔이 흩어져 발전기를 수리해야 한다. 쫓아오는 살인마를 따돌리는 플레이어의 스킬이나 다양한 테크닉도 중요하지만, 희생제 시작 전 각 플레이어가 선택할 수 있는 기술도 승패를 가르는 요소다. 대전 상대가 어떤 기술을 골랐는지 파악하는 정보전도 중요하다. (요나시)

009 오버쿡! 올 유 캔 잇 (OVERCOOKED! ALL YOU CAN EAT)

`PC` `Switch` `Xbox` `PS`   발매연도: 2021 개발: Ghost Town Games Ltd.

거대한 미트볼 괴물이 세계를 멸망시키려 한다! 괴물을 쓰러뜨리는 데 필요한 것은 요리 실력. 과거로 돌아가 요리 실력을 갈고닦아야 한다. 또한 힘을 합쳐 레스토랑의 주방을 돌리는 기술도 필요하다. 이 게임에서 플레이어들은 다양한 형태의 주방을 찾아가 손님에게 음식을 내놓는다. 주문 받은 요리를 빨리 내놓으려면 재료 손질 담당이나 오븐 담당 등 역할 분담은 필수. 몇몇 주방은 각 구역이 물리적으로 나뉘어 있어서 혼자 힘으로는 이동조차 쉽지 않다. 주방 전체를 천천히 살펴보고 적절한 동선을 짜 보자. 이 게임이 큰 성공을 거두면서 수많은 후발주자가 생겨났다. 이러한 역사적인 작품의 1, 2탄을 모은 완전판이 「오버쿡! 올 캔 잇」이다. (요나시)

010 VISCERA CLEANUP DETAIL

`PC`   발매연도: 2015 개발: RuneStorm

아이디어 하나로 승부를 거는 인디게임을 플레이하는 것만큼 기분 좋은 일이 또 있을까. 이 작품은 'FPS에서 주인공이나 몬스터가 한바탕 휘젓고 간 무대는 어떻게 될까'라는 질문에 대한 답이다. 즉 플레이어는 영웅이 아니라, 대걸레와 쓰레기봉투로 무장한 특수 청소부다. 게임의 무대는 SF 속 괴물들이 뒤엎고 난 우주 시설이나 흉흉한 사건이 일어난 주택처럼 어디선가 본 적 있는 곳이다. 주인공은 대걸레로 사방에 튄 핏자국을 닦아내고, 총알 자국을 지우고, 곳곳에 떨어진 탄피나 살점을 쓰레기통에 버린다. 조그만 궁금증과 아이디어를 게임이라는 형태로 빚어낸 이 작품은 인디게임이기에 나올 수 있는 매력으로 가득 차 있다. (후루시마)

011 WHO'S YOUR DADDY

PC

발매연도: 2015 개발: Evil Tortilla Games

아기는 눈을 떼는 순간 무슨 일을 저지를지 모른다. 콘센트를 만질지도 모르고, 이상한 것을 입에 넣을지도 모른다. 하나같이 위험한 행동이다. 다시 말해 아기는 눈을 떼는 순간 자살을 시도하는 존재다. 이 게임은 아기의 자살을 다룬 비대칭 대전 게임이다. 아빠와 아기는 각각 다른 방에서 게임을 시작한다. 아빠는 아기를 돌보면서 몇 가지 집안일을 완수하면 이기고, 아기는 아빠의 눈을 피해 자살에 성공하면 이긴다. 참고로 집 안에 있는 모든 물건은 자살 수단이 될 수 있다. 아기의 손이 닿지 않도록 물건들을 얼마나 잘 치우는지, 혹은 아빠에게 들키지 않고 위험한 환경에 다가갈 수 있는지가 승부를 가른다. (요나시)

012 GANG BEASTS

PC Xbox Switch PS

발매연도: 2014 개발: Boneloaf

흐물흐물하고 어딘가 못 미더운 색색의 캐릭터를 조종해 적을 마구잡이로 때려눕히는 난투형 액션 게임. 최대 4명까지 난투극을 즐길 수 있다. 짧은 팔다리를 아등바등 휘두르며 친구들을 녹다운시키자! 완전히 물리 엔진을 기반으로 움직이기 때문에 짧은 손발을 마음대로 컨트롤하기가 의외로 힘들다. 생각지도 못한 움직임이 난투극을 혼돈의 구렁텅이로 밀어 넣는다. 이 게임은 HP가 0이 된다고 해서 죽는 것은 아니다. 대미지가 일정량을 넘으면 기절하지만 잠시 후 다시 정신을 차린다. 단 한 명의 승자가 되기 위해 기절한 플레이어를 맵 바깥으로 던져 버리자. (요나시)

013 폴 가이즈: 얼티메이트 녹아웃
(FALL GUYS: ULTIMATE KNOCKOUT)

PC | PS | Switch | Xbox

발매연도: 2020　개발: Mediatonic

'온라인상에서 수많은 사람이 동시에 싸우고 마지막까지 남은 한 사람이 승리를 차지한다' 이 같은 시스템은 「PUBG: 배틀그라운드」(21p)를 계기로 세계적인 대세가 되었다. 하지만 이러한 계열의 작품에는 한 가지 공통점이 있었다. "여러분은 이제 서로를 죽여 주셔야겠습니다(영화《배틀로얄》의 대사)"라는 설정이다. 이는 게임으로서는 흥미로운 설정이지만 이것만이 전부여도 곤란하다. 이때 당당히 등장한 게임이 「폴 가이즈」다. 이 게임에서 60명의 플레이어는 배틀로얄을 펼치는데, 당연히 승자는 단 한 명뿐이다. 하지만 「폴 가이즈」는 피 튀기는 싸움 대신 애슬레틱 요소를 가미한 경기 종목으로 맞붙는 TPS 점프 액션 게임이다. 디자이너가 일본의 인기 예능 프로그램《풍운! 타케시성》에서 영감을 받았다고 자처할 정도인 만큼, 그래픽은 금요일 저녁 시간대에 방영 가능한 노선을 따른다. 장애물이나 바닥에는 푹신푹신한 쿠션을 덧대었고, 캐릭터도(외관만큼은) 귀엽게 데포르메 되어 있다. 경기 종목은 하나만 있는 것이 아니라, 다양한 미니게임을 하며 플레이어들이 서서히 떨어져 나가는 형식이다. 미니게임 중에는 축구처럼 즉석에서 팀을 짜서 겨루는 종목도 있어서 '어제의 적이 오늘의 동료(반대도 마찬가지)'와 같은 상황이 자주 벌어진다. 게임 플레이 영상을 찍기에도 좋지만, 그 자체만 놓고 봐도 탄탄하게 잘 만든 작품이다. (토쿠오카)

014 A HAT IN TIME

PC Switch PS Xbox   발매연도: 2017 개발: Gears for Breakfast

햇 키드는 시간 조각을 되찾아야 한다. 한없이 귀여운 주인공과 주연 자리를 차지할 기세로 날뛰는 조연들이 펼치는 대소동. 3D 스테이지를 점프하며 휘젓고 다닌다는 점에서 「슈퍼 마리오 64」의 뒤를 따르는 걸작이다. 유쾌한 데모 신과 중독성 강한 주제곡이면 당신은 이미 이 게임의 포로. 액션은 장르의 정석만 남겨 완성도를 끌어올리는 한편, 대다수 스테이지 기믹을 연출과 스토리로 장식했다. 플레잉 스킬 향상을 고려한 레벨 디자인 덕분에 게임 후반에 등장하는 등산 스테이지에서는 문자 그대로 산꼭대기, 정상에 도전하게 된다. 그리고 이 모든 것들은 서사성과 고난도를 두루 갖춘 최종전으로 귀결된다. 액션 게이머의 근성에 불을 붙일 만한 게임이라고 자신한다. (노무라)

015 LONELY MOUNTAINS: DOWNHILL

PC Switch PS Xbox   발매연도: 2019 개발: Megagon Industries

산악자전거로 가파른 산길을 질주하는 다운힐 경기를 다룬 액션 게임. 가장 큰 특징은 속도감이 주는 짜릿한 손맛이다. 로우 폴리곤에서 나오는 미니멀한 그래픽, 환경음만 남긴 사운드, 극한까지 갈고닦은 조작성이 "이게 액션 게임이지" 하는 말이 절로 나오는 체험을 만들어냈다. 게임 자체는 꽤 어려워서 충돌 없이 골인하려면 많은 연습이 필요하다. 그리고 타임 어택에 도전하려면 충돌 횟수로 잡히지 않는 추락이나 충돌의 범위를 잘 살피면서 '길 아닌 길'로 가야 한다. 상위 랭커의 주행 영상을 본 다음 직접 플레이하면 한 스테이지에서 눈 깜짝할 사이에 충돌이 100번도 더 넘게 나오는 재미있는 상황이 발생할 것이다. (토쿠오카)

016 리틀 나이트메어 (LITTLE NIGHTMARES)

`PC` `Switch` `PS` `Xbox` 발매연도: 2017 개발: Tarsier Studios

거대한 존재가 사는 곳을 탐험하는 게임 내용에서 동화《잭과 콩나무》가 떠오를 것이다. 하지만 이 게임에 나오는 추격자들은 거대하기만 하지 않다. 기이한 모습으로 음식을 게걸스럽게 탐하는 인간부터 눈을 가린 채 땅에 끌릴 만큼 긴 팔과 청각으로 주인공을 찾는 인간까지, 하나같이 독특한 괴기스러움을 갖고 있다. 물건을 밀어서 발판으로 삼고 열쇠를 옮겨서 길을 만드는 등 작품 자체는 꽤 심플한 어드벤처 게임이지만, 대들보 위를 걷거나 마룻바닥 아래를 지나가는 것과 같은 상황을 실감 나게 표현하고 카메라 앵글과 사운드 활용법이 탁월해 높은 몰입도를 자랑한다. 언어에 의존하지 않는 비밀스러운 스토리와 그 결말도 매력 포인트. (치바)

017 작은 마녀 노베타 (LITTLE WITCH NOBETA)

`PC` `PS` `Switch` 발매연도: 2020 개발: Pupuya Games

'카와이(Kawaii)'와 『다크 소울』. 좋아하는 것끼리 합치면 최강의 게임이 나오지 않을까? 그런 생각으로 만든 작품인지 아닌지는 알 수 없지만, 제작자의 '덕심'이 물씬 느껴지는 게임이다. 덕심을 눈에 보이는 형태로 구현하기 위해 3년간 저금을 깨면서 꾸준히 게임을 만들어 온 용자에게 박수를. 버튼 연타를 최대한 배제하는 것만 봐도 『다크 소울』의 뒤를 따르는 작품이지만, 마법을 사용하는 TPS의 정수가 더해졌다. 단순히 후발주자 자리에 머물지 않는다는 점에서 장르에 대한 집착이 느껴진다. 하지만 그보다 더 심혈을 기울인 부분이 주인공 노베타의 귀여움이다. 온몸을 사용해 커다란 레버를 움직이고 달리다가 체력이 떨어지면 데굴데굴 구른다. 너무 귀엽잖아…! (후루시마)

018 헬블레이드: 세누아의 희생 (HELLBLADE: SENUA'S SACRIFICE)

`PC` `Xbox` `PS` `Switch`   발매연도: 2017   개발: Ninja Theory

이 작품은 오늘날 5명 중 1명이 살면서 한 번씩 걸린다는 '정신 질환'을 소재로 한다. 실제로 게임 개발을 앞두고 신경과학과 정신 질환자에 대해 꼼꼼히 조사를 진행했다. 주목할 점은 바이노럴 녹음을 이용한 환청 묘사다. 평소에는 부정적인 의견을 내던지다가도 전투 중에는 적이 오는 방향을 속삭이다 보니 적인지 동지인지 알 수 없다. 게다가 환청은 캐릭터를 거쳐 플레이어에게 향한다. 게임이 진행되면서 플레이어는 자신이 환청을 듣는 듯한 착각에 빠진다. 피로도가 높은 플레이도, 환청도, 모든 것은 정신 질환을 생생히 묘사하기 위한 장치다. 하나의 주제를 깊이 판 이 작품에서 개발자의 뛰어난 실력을 엿볼 수 있다. (후루시마)

---

019 THE LONG DARK

`PC` `PS` `Xbox` `Switch`   발매연도: 2017   개발: Hinterland Studio

끝없이 펼쳐지는 하얀 눈. 원인을 알 수 없는 자기 폭풍으로 인해 인류 문명이 끊기려 하는 지금, 이 차가운 세계에서 살아남기란 불가능에 가까운 일이다. 이 게임은 만년설로 뒤덮인 대지를 돌아다니며 살아남는 오픈 월드 FPS다. 눈 속에 발이 빠지는 통에 걷기도 힘든 환경에서 플레이어는 식량과 생필품을 찾아다녀야 한다. 체온을 관리하고 맹수를 경계하고, 절벽은 없는지 꼼꼼히 확인하지 않으면 눈 깜짝할 사이에 죽는다. 스토리 모드에서는 멸망해 가는 세계를 사는 이들의 드라마를 체험할 수도 있다. 게임이 익숙해진 플레이어라면 서바이벌 모드에서 얼마나 오래 살아남는지 도전해 보자. (요나시)

3D SHOOTER

3D 슈팅, 그중에서도 FPS나 TPS로 분류되는 총격전 게임은
PC 게임의 꽃이라고 할 수 있다.
하지만 인디게임으로 넘어오면 그 수는 의외로 적다.
적지 않은 게이머가 3D 슈팅 게임에서 무게감이나 경기성을 요구하다 보니
인디게임이 비집고 들어가기 힘들기 때문이다.
하지만 어려운 길임을 알면서도 과감히 도전장을 내미는
용자들이 나타나는 것도 인디의 묘미다.
서바이벌의 난도를 확 높이거나 상상치 못했던 비주얼 표현에 도전하거나
파괴의 희열과는 또 다른 재미를 내세우는 등
쏘고 쓰러뜨리는 것만이 전부가 아닌 게임을 새롭게 발견할 수 있을 것이다.

020 PUBG: 배틀그라운드 (PUBG: BATTLEGROUNDS)

PC　PS　Xbox　　　　　　　　　　　　　　　발매연도: 2016　개발: KRAFTON

예전부터 게임 세계에는 게임을 개조해서 즐기는 '모드(MOD)'라는 문화가 있다. FPS를 단숨에 수면 위로 끌어올린 『둠』이나 그 후계자와 같은 작품인 『퀘이크』에서 모드 문화는 화려한 꽃을 피웠다. 그리고 모드는 오늘날 두터운 플레이어층을 보유한 온라인 대전 게임이 나오는 원동력이 되었다. 『하프라이프』에서 비롯한 『카운터 스트라이크』는 수많은 FPS의 모체가 되었으며, 『스타크래프트』와 『워크래프트 Ⅲ』의 모드는 「리그 오브 레전드」를 낳았다. 100명의 플레이어 중 끝까지 살아남는 한 명만 승리하는 서바이벌 배틀로얄 FPS 「배틀그라운드」도 모드 출신 작품이다. 브라질에 살던 브렌든 그린(닉네임인 'Playerunknown'으로도 잘 알려져 있다)은 「ARMA 2」의 모드인 오픈 월드 좀비 서바이벌 FPS 「데이즈(DayZ)」를 접했다. 「데이즈」에 푹 빠진 브렌든 그린은 수많은 플레이어가 서바이벌을 펼치는 모드를 만들기 시작했고, 당시 세계적인 인기 드라마《헝거게임》에 평소 좋아하던 영화《배틀로얄》의 요소를 더한 'DayZ Battle Royale'을 선보였다. 이 모드가 큰 인기를 끌면서 프로 개발자로 발돋움한 브렌든 그린과 블루홀이 손잡고 만든 게임이 「배틀그라운드」다. 사실 「배틀그라운드」는 인디게임이라고 볼 수 없을지도 모른다. 하지만 '또 다른 인디'인 모드 문화의 인기와 가능성을 보여주는 사례인 것은 분명하다. (토쿠오카)

021 쉐도우 워리어 (SHADOW WARRIOR)

`PC` `Xbox` `PS`   발매연도: 2013 개발: Flying Wild Hog

흩날리는 벚꽃부터 높은 목조탑, 토리이, 대나무 숲, 야쿠자에 닌자까지…. 어디를 봐도 일본풍이지만 묘하게 현실과 다른 묘사는 백 퍼센트 노림수다. 이 작품은 칼을 이용한 화려한 전투가 특징인 FPS다. 실력 있는 개발사가 온 힘을 쏟은 작품이다 보니 전투에서 느껴지는 손맛은 더할 나위 없다. 그로테스크 표현에도 공을 들여서 선혈이며 사지가 흩날리는 모습이 아름다울 정도다. 강력한 무기로 야쿠자와 악마를 벌집처럼 쑤셔놓는 것이 목적… 이지만 평소 실없는 대화를 나누던 주인공과 그 파트너는 슬픈 과거를 지녔다. 우스꽝스러운 분위기에 슬픔이라는 조미료를 더하고 피와 살점을 흩뿌린 이 작품은 2010년대에서 빼놓을 수 없는 작품이다. (후루시마)

022 보이드 바스타즈 (VOID BASTARDS)

`PC` `Xbox` `Switch` `PS`   발매연도: 2019 개발: Blue Manchu

'FPS에 관해 알고 있던 것들은 모두 잊어라!' 게임 소개의 첫 번째 문장이다. 최근 부쩍 늘고 있는 맵 자동 생성형 FPS에 「FTL: 패스터 댄 라이트」(153p)를 떠올리게 하는 진행과 리소스 관리를 더했다. 조작 캐릭터는 잠깐 쓰다 버리는, 죽어도 썩 아깝지 않은 재소자들이다. 우주를 떠돌아다니는 여러 난파선에서 적을 쫓아내고 수집한 부품으로 무기와 방어구를 강화하면서 위험 지역을 벗어나야 한다. 다양한 조합에서 나오는 즐거움도, 시니컬한 스토리와 설정도, 미국 만화풍 그래픽도 매우 독특하다. 초반은 다소 어렵지만, 캐릭터가 사망하더라도 획득한 장비는 사라지지 않으므로 요령만 파악하면 술술 진행할 수 있다. (h)

023 건파이어 리본 (GUNFIRE REBORN)

`PC` `Xbox` 발매연도: 2020 개발: Duoyi(Hong Kong) Interactive Entertainment Limited

강력한 무기와 업그레이드를 조합해 무시무시한 적에 도전하라!「건파이어 리본」은 동양풍 디자인이 매력적인 로그라이트(Rogue-lite) FPS다. 플레이어는 길을 막아서는 적을 헤치고 나아가 설산에 숨은 최종 보스를 쓰러뜨려야 한다. 적을 무찌르면 다양한 무기가 나오는데, 각 무기에는 옵션(대미지 증가, 반동 감소 등)과 그 수치가 랜덤으로 부여된다. 무수한 운명의 총과 다양한 효과를 가져다주는 특성 업그레이드를 조합해서 강력한 빌드를 구축하자. 죽으면 처음부터 다시 시작해야 한다는 점이 까다롭지만, 사라지지 않는 스킬트리도 있어서 플레이할수록 더 강하고 다양한 적과 맞설 수 있다. (요나시)

024 DEVIL DAGGERS

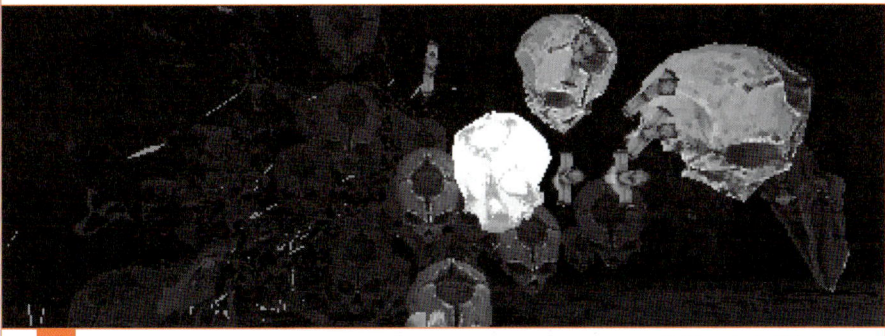

`PC` 발매연도: 2016 개발: Sorath

'경험을 의미 있는 것으로 만들려면 도전이 가공의 차원에 머물러서는 안 된다'「데빌 대거스」의 난도에 관해 개발자가 남긴 말이다. 그래서 이 게임은 더 높이 올라가라고 플레이어를 매몰차게 떨쳐 낸다. 샷건과 머신건을 구사하는 주인공이 스테이지 이곳저곳에서 끊임없이 튀어나오는 악마와 싸우며 살아남는 FPS이며, 점수나 마찬가지인 생존 시간으로 전 세계 플레이어와 겨룰 수 있다. 주목할 만한 점은 모든 플레이어의 리플레이 영상이 서버에 저장되고 누구든 볼 수 있다는 것이다. 톱 플레이어의 뛰어난 플레이를 보고 배울 수 있다는 점은 아케이드 게임의 문맥과도 일맥상통한다. 노력과 경험을 쌓은 만큼 내 시선이 높아지며, 성장하는 순간이 짜릿하다. (후루시마)

025 DUSK

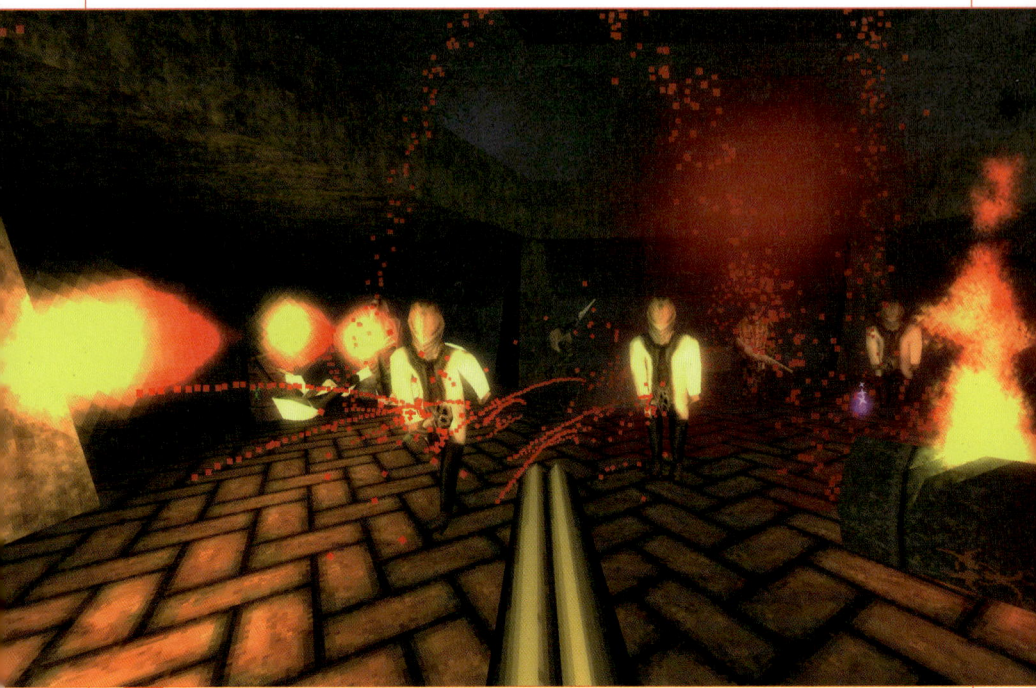

발매연도: 2018 개발: David Szymanski

FPS는 다른 게임에 비해 비교적 새로운 장르다. 하지만 FPS 마니아가 내뿜는 열기는 FPS를 짧은 기간에 대형 장르로 성장시켰다. 요즘은 최첨단 영상 표현을 구사하며 자본의 향기를 풍기는 작품도 눈에 띈다. 그래서일까. 로우 폴리곤에 해상도도 낮았던 초창기 FPS와는 또 다른 장르라고 느끼는 팬도 적지 않다. 그런 이들이 FPS의 여명기를 돌이키면서 만드는 게임이 레트로 스타일 FPS다. 굳이 로우 폴리곤을, 굳이 예전 시스템을 가져와 당시 느꼈던 게임 체험을 오늘날에 되살리려는 시도다. 이 시도는 어느덧 커다란 움직임이 되었는데, 그 기수 역할을 한 게임이 바로 「DUSK」다. 게임을 켜자마자 도스 시절을 방불케 하는 시작 화면에서 과거를 향한 집착이 느껴진다. 잇따라 나타나는 적을 흉악한 무기로 후려쳐 고깃덩이로 만든다는 폭력적인 내용도 『둠』『퀘이크』『듀크 뉴켐』과 같은 고전 명작을 떠올리게 한다. 어둡고 호러틱한 분위기 역시 한몫한다. 이제는 FPS의 고전 테크닉이 된 스트레이프 점프나 버니합도 사용할 수 있다. 그 옛날 폭력적이고 좋았던 FPS가 마니아의 피를 끓어오르게 한다. (요나시)

3D_STG POST VOID

026 POST VOID

발매연도: 2020 개발: YCJY Games

`PC`

FPS의 묘미는 겨누고 쏘고 피하고 달리는 것! 곁가지를 잘라내고 또 잘라낸 끝에 남은 FPS의 정수에 눈앞이 핑핑 돌 만큼 비비드한 페인트를 들이부어 질척질척하게 만든 게임이 바로 「포스트 보이드」다. 게임을 시작하면 보이드를 노리라느니 성역에 피는 꽃이라느니 두통이라느니 알 수 없는 것들을 영어로 설명하지만 신경 쓸 필요 없다. 가만히 있어도 꾸준히 깎이는 체력이 곧 게임의 제한 시간이다. 적을 쓰러뜨리면 체력이 조금 회복되므로 망설이지 말고 적을 쓰러뜨리며 쏜살같이 골을 노리자. 적을 더 빠르게, 더 화려하게 처리하려면 머리를 노려야 한다. 스테이지를 클리어할 때마다 주인공의 능력치를 올리거나 무기를 바꿀 수 있는 카드가 주어지고, 스테이지는 랜덤으로 바뀐다. 되풀이되는 도전을 견디게 하는 사이키델릭한 디자인은 3,300원이라는 가격을 고려하면 감격스러울 정도다. 몇 번 플레이하고 나면 이 게임이 단순히 약을 빨고 만든 게임'이 아니라는' 사실을 알 수 있다. 랜덤으로 생성되지만 스테이지를 클리어할 때마다 서서히 복잡해지는 맵에서는 플레이어를 유도하는 노련미가 빛난다. 총을 쏘면 화면에 섬광이 번쩍이고 적이 터지면서 날아간다는, 단순하지만 효과적인 연출은 FPS의 쾌감이 어디서 나오는지 완벽히 이해했기에 나올 수 있는 결과물이다. FPS를 좋아하는가? 총은 갖고 있는가? 광과민성증후군은? 마음의 준비는 되었는가? 그렇다면… 자, 달려보자! (후루시마)

027 슈퍼핫 (SUPERHOT)

PC | Xbox | PS | Oculus Quest

발매연도: 2016 개발: Superhot Team

'내가 움직일 때만 시간이 흐른다'가 캐치프레이즈인 신감각 FPS. 사실 슈팅 게임이라기보다 탄막 퍼즐 게임에 가깝다. 내 눈에는 멈춘 것처럼 보이는 총알을 초인적인 몸놀림으로 피하는, 영화 《매트릭스》 속 명장면을 몸소 체험할 수 있다. 게임 자체는 흔히 볼 수 있는 스테이지 클리어 방식으로 진행되지만, 일반적인 시간 흐름이라면 몇 초도 살아남기 힘든 절체절명의 상황을 뚝뚝 끊기는 영상처럼 빠져나가 역전하는 쾌감은 그 어떤 게임으로도 대체할 수 없다. 90년대 로우 폴리곤 느낌에 빨간색과 하얀색 두 가지 색만 사용한 세련된 그래픽에서 '의문의 도스 게임을 플레이'한다는 메타적인 연출과 퓨처 레트로적인 느낌을 맛볼 수 있다. 2016년에는 VR판도 발매되었다. (h)

028 BRIGHT MEMORY

PC | Xbox | iOS | Android

발매연도: 2020 개발: FYQD-Studio

총, 칼, 미소녀. 세 가지 요소를 모두 갖춘 FPS는 인디 신 바깥을 둘러봐도 그리 많지 않다. 이 게임은 적을 총이나 칼로 연달아 쓰러뜨리는 것은 물론이고 스킬로 적을 공중에 띄운 다음 칼로 난도질하는 콤보도 가능해 스타일리시하면서도 호쾌한 액션이 두드러진다. 고대 유적과 SF를 조합한 분위기도 매력적이다. 언리얼 엔진(Unreal Engine)의 덕을 보긴 했으나 그래픽 수준이 꽤 높아서 이 작품을 중국의 1인 개발자가 만들었다는 사실이 놀랍기만 하다. 2021년 11월에 발매된 「브라이트 메모리: 인피니트」의 프롤로그에 해당하는 작품이다 보니 볼륨은 작지만, 애슬래틱 파트와 퀴즈 풀이까지 포함되어 있다는 점에서 좋은 의미로 욕심 가득한 구성이다. (치바)

029 PROJECT WINGMAN

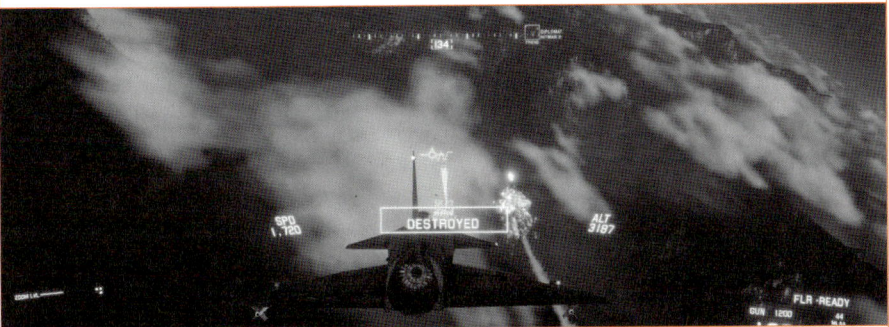

`PC`　　　　　　　　　　　　　　　　　발매연도: 2020　개발: Sector D2

마음만 먹으면 혼자 힘으로도 『에이스 컴뱃』을 만들 수 있다. 게임 제작을 향한 문호가 활짝 열린 오늘날이기에 크리에이터는 정열을 연료 삼아 하늘 높이 날아오른다. 이 게임의 개발자가 『에이스 컴뱃』을 얼마나 사랑하는지는 손에 땀을 쥐게 하는 도그파이트(전투기 간의 공중전)만 보아도 알 수 있다. 게임 패드와 모니터로 플레이해도 재미있지만 VR 헤드셋과 플라이트 스틱을 갖추면 금상첨화다. VR 헤드셋을 쓰고 게임을 시작하면 하늘을 나는 듯한 감각이 덮쳐 온다. 전투기를 조종해 본 적도 없는데 말이다. 스틱을 쥔 채 캐노피 안에서 목이 뻐근해지도록 적 전투기를 겨눈 끝에 신중하게 쏜 미사일이 하늘에 화려한 꽃을 피우는 광경이란… 최고! (후루시마)

030 리벨 갤럭시 (REBEL GALAXY)

`PC` `PS`　　　　　　　　　　　발매연도: 2015　개발: Double Damage Games

현란하게 빛나는 우주. 아웃사이더의 삶을 노래하는 블루스 록. 스페이스 플라이트 시뮬레이터의 반역자가 모이는 은하에서는 누구든 자신의 몸을 지키기 위해 1인승 우주 전함을 몰고 있었다. 전함 양옆을 가득 메운 주포에서 나오는 압도적인 화력으로 단단한 방어를 깨부수는 것이 은하의 법칙. 카메라를 전함 옆으로 돌려 주포를 쏘아라! 바짝 붙어서 따라오는 적 함선을 펑펑 날려버리자. 하지만 함선의 앞은 보이지 않는다. 이대로 나아가도 괜찮은 걸까? 포격과 조타를 전환하는 과정에서 위험천만한 상황이 벌어진다. 사실, 이 은하는 모든 전함이 평면상에 놓여 있어 적을 놓칠 일이 없다. 장르 전통의 '360도 전투'에 대한 반역이 우주 전함의 로망을 모든 이들에게 되돌려주었다. (노무라)

2D ACTION

2D 액션은 인디게임과 유독 궁합이 맞는 장르다. 작품 수만 보더라도 어마어마하다.
8비트 게임기 시절부터 이어져 내려오는 오랜 역사 속에서
오늘날 어느 정도 규모가 있는 상업 게임 개발사는
2D 액션 장르에서 슬그머니 고개를 돌리는 추세다.
인디게임은 그 자리를 차지하고 주도권을 잡았다.
완전히 무르익은 장르인 만큼 플레이어층도 두텁고,
인디게임이라고는 상상하기 힘들 만큼 고민에 고민을 거듭해
완성도를 끌어올린 작품이나 예술적인 작품이 넘쳐난다.
반대로 영상과 사운드에서 힘을 빼는 대신 아이디어로
승부를 겨루는 작품을 만들기 쉽다는 것도 2D 액션 장르의 강점이라서,
조금만 찾아보면 눈이 휘둥그레질 만한 괴작이나
코페르니쿠스적 전환을 일으키는 걸작과 맞닥뜨릴 수 있다.

2D_ACT OWLBOY

031 OWLBOY

발매연도: 2016 개발: D-Pad Studio

`PC` `PS` `Xbox` `Switch`

치밀하면서 섬세한 픽셀 아트가 16비트 게임기 시대의 향수와 함께 그리운 감정을 불러일으킨다. 2013년 발표된 트레일러 영상을 통해 이 게임을 주목한 이들이 많을 것이다. 그로부터 3년 뒤, 게이머의 기대를 배신하지 않는 천공 세계의 모험이 막을 열었다. 활짝 펼친 망토를 이용한 비행과 발판을 무시한 레벨 디자인으로 천공 세계를 메트로배니아(액션 게임의 하위 장르로 게임 시리즈 『메트로이드』와 『악마성(캐슬배니아)』의 영향을 받았다)의 틀 안에서 끌어냈다. 주인공인 오투스의 모험을 한층 더 빛나게 하는 것은 바로 '우정'이다. 실수투성이 오투스 대신 그가 안아서 옮기는 친구들이 적 쓰러뜨린다. 친구는 스위치를 누르는 등 퍼즐을 푸는 열쇠가 되기도 하고, 성장물에서 빼놓을 수 없는 타인과의 교류를 그리기도 한다. 게임 패드로 느껴지는 성장과 스토리가 아름답게 맞물린다. 말을 하지 못하는 오투스는 폐쇄적인 마을에서 따돌림당하지만, 마음을 나눈 친구들이 그의 생각을 대변해 준다. 머지않아 오투스에게는 친구를 위해 자신을 믿고 날개를 펼칠 때가 찾아오는데. 소년의 성장과 세계를 구하는 이야기가 연결되는, 비디오 게임 특유의 스토리텔링 기법으로 그린 성장물이다. 그야말로 '사춘기 청소년이 플레이해야 할 명작'. 게임 이벤트에 활발히 참여해 팬과 개발 동료자로부터 생생한 피드백을 얻은 개발 방식도 이 작품의 특징 중 하나다. 인디게임이기에 가능한 교류가 명작을 탄생시켰다. (노무라)

032 THE MISSING -J.J 맥필드와 추억의 섬-
(THE MISSING: J.J. MACFIELD AND THE ISLAND OF MEMORIES)

`PC` `PS` `Xbox` `Switch` 발매연도: 2018 개발: White Owls Inc.

「림보」와 「인사이드」(32p)의 명맥을 잇는 퍼즐 플랫폼 게임. 주인공인 J.J. 맥필드는 친구 에밀리와 함께 '추억의 섬'을 찾아가지만 새벽이 되자 에밀리는 자취를 감춘다. 에밀리를 찾아 나서는 과정은(디자이너인 SWERY의 작품답게) 터무니없이 기묘한 여정으로 발전한다. 특히 인상 깊은 것은 J.J.가 불사의 존재라는 설정이다. 따라서 퍼즐을 클리어하려면 함정에 빠지고 사지가 잘려나가고 불길에 휩싸이는 것을 두려워하지 말고 오히려 이용해야 한다. J.J.의 스마트폰에 설치된 메신저를 통해 메인 스토리가 서서히 밝혀진다는 점도 흥미롭다. (토쿠오카)

---

033 파: 론 세일즈 (FAR: LONE SAILS)

`PC` `PS` `Xbox` `Switch` `Android` `iOS` 발매연도: 2018 개발: Okomotive

차창 너머 파멸한 세계. 내 눈에 비친 풍경은 무엇을 의미하는가. 풀 한 포기 나지 않는 황무지와 소가 활보하는 초원. 허물어진 공장가까지. 유일하게 남겨진 증기기관차는 앞으로 나아간다. 연료가 될 만한 물건을 주워 활활 타는 용광로에 넣으면 문명의 잔향이 코끝을 스친다. 물건들의 원래 주인은 어디로 갔을까. 왜 아무도 존재하지 않는 걸까. 밤하늘을 가득 채운 별과 기어이 떠오르는 아침 해를 바라보며 홀로 생각한다. 바다는 정말 존재하는 걸까. 모든 것은 암시를 통해 풀어낸다. 여로의 끝에서 지피는 화톳불은 떠나는 사람에게는 앞길을 밝히는 불빛이, 산 사람에게는 새로운 희망의 불씨가 될 것이다. (노무라)

034 PLANET ALPHA

`PC` `PS` `Switch` `Xbox` 발매연도: 2018 개발: Planet Alpha ApS

거대한 생물들의 낙원, 신비로운 유적, 무시무시한 외계인. 자연을 향한 경이로움이 느껴지는 행성을 압도적인 비주얼로 그려낸 점핑 액션 플랫포머다. 언덕을 뛰어 내려가다가 있는 힘껏 점프할 때도, 적의 눈을 피해 몸을 숨길 때도, 별생각 없이 지나치는 구역까지 하나같이 인상적인 이미지를 자랑하는 탓에 나도 모르게 넋을 놓게 된다. 시간 조작으로 휙휙 바뀌는 경치 역시 비주얼 체험에 화려함을 더한다. 하지만 수수께끼는 깊어질 뿐이다. 왜 주인공은 같은 모습을 한 시체와 몇 번이고 맞닥뜨리는 걸까. 이야기의 전모가 밝혀지면서 플레이어의 의문에 빛이 드리우지만, 동시에 마지막 수수께끼가 모습을 드러낸다. 플래닛 '알파'는 누구에게 있어 '최초'의 행성일까? (노무라)

035 포가튼 앤 (FORGOTTON ANNE)

`PC` `PS` `Xbox` `Switch` `Android` `iOS` 발매연도: 2018 개발: ThroughLine Games

질서를 지키는 집행자인 주인공이 에너지 인프라인 '아니마'를 이용해 테러리스트의 뒤를 쫓는 이야기 속에, 지브리 작품처럼 세세한 부분까지 장인 정신을 발휘한 애니메이션 영화 속을 활보하는 게임이다. 주인의 기억에서 사라진 물건인 '포가틀링'이 안고 있는 존재 이유에 대한 고뇌와 주인공 앤의 앞을 가로막는 윤리에 관한 선택은 오래도록 잊기 힘든 이야기가 될 것이다. 손 그림 애니메이션으로 이루어진 컷신과 2D 액션을 오가는 매끄러운 전환 덕분에 환상적인 세계 깊숙이 빠져들 수 있다. 로직 퍼즐과 결합한 생살여탈권에 벌은 없고 결과만 있을 뿐. 인생무상의 감정을 끌어내는 스토리텔링이 압권이다. (노무라)

036 림보 (LIMBO)

`PC` `Switch` `PS` `iOS` `Android` `Xbox`

발매연도: 2010　개발: Playdead

음산한 세계 '림보'를 무대로 한 사이드뷰 액션 어드벤처 게임. 소년이 여동생을 찾기 위해 고군분투한다는 내용인데, 멀리 떨어진 발판 위로 점프하거나 물건을 밀어서 푸는 퍼즐이 메인이라 게임 자체는 비교적 간단하다. 다만 여기저기에 죽음으로 이어지는 함정이 놓여 있어 클리어하려면 몇 번은 죽을 수밖에 없다. 죽더라도 맨 처음부터 다시 시작하는 것은 아니므로 어렵다기보다 시행착오가 필요한 게임이라고 할 수 있다. 실루엣과 빛으로 이루어진 무채색 그래픽이 독특한 분위기를 자아내는 한편 죽음으로 가득 찬 세계를 거침없이 그린다. 대사나 설명이 거의 없으며, 무대가 되는 세계는 물론 스토리 자체도 수수께끼로 가득 차 있다. (치바)

037 인사이드 (INSIDE)

`PC` `PS` `Xbox` `Switch` `iOS`

발매연도: 2016　개발: Playdead

「림보」로 단숨에 유명해진 덴마크 개발사 플레이데드가 만반의 준비 끝에 선보인 두 번째 작품 「인사이드」는 전작과 마찬가지로 퍼즐 플랫포머다. 전작의 특징인 미니멀한 그래픽을 가져오면서도 빨간색을 적재적소에 사용해 강렬한 비주얼을 자랑한다. 퍼즐은 그다지 어렵지 않아 힌트 없이 클리어할 수 있다. 상호작용 가능한 오브젝트가 눈에 잘 띄므로 스테이지 내 기믹을 놓쳐서 게임을 진행하지 못할 걱정도 없다. 언어에 의존하지 않는 스토리텔링으로 인해 많은 영역을 플레이어의 상상에 맡기는 것도 특징. (토쿠오카)

038 BASKETBELLE

`PC` 발매연도: 2014 개발: Studio Bean

농구를 주제로 남매간의 우정을 그린 작품. 이야기를 장식하는 것은 농구에서 가져온 다양한 퍼즐이다. 난도는 낮은 편이라 액션 퍼즐 게임을 많이 해 본 사람이라면 1시간 내로 깰 수 있다. 하지만 이 작품의 중심은 어디까지나 스토리다. 그림책을 떠올리게 하는 몽환적인 그래픽, 영상과 사운드의 절묘한 상호작용, 그리고 가슴 따뜻해지는 가족 간의 대화는 셋 중 하나만으로도 게임에 푹 빠질 만큼 매력적이다. 이 작품에서 퍼즐의 중요성은 오빠인 주인공의 성장 스토리와 이어진다. 플레이어블 무비라는 의도를 고려하면 이 정도 난도가 딱 적당하지 않을까. 한국어를 지원하지 않지만 말 대신 그림으로 이야기하는 작품이므로 스토리는 얼마든지 이해할 수 있을 것이다. (h)

039 HOLLOW KNIGHT

`PC` `Switch` `PS` `Xbox` 발매연도: 2017 개발: Team Cherry

팀 버튼 느낌의 오밀조밀한 손 그림과 어둡고 무거운 세계관이 인상적인 메트로배니아. 스토리는 한 편의 잔혹 동화처럼 아기자기하면서도 음울한데, 등장인물(의인화된 곤충들)은 멸망해 가는 세계에서 각자 삶의 방식을 공허한 표정으로 담담하게 이야기한다. '죽으면서 배우는' 난도로 인해 『다크 소울』 시리즈와 비슷하다는 지적을 받기도 했다(실제로는 우연일 뿐이라지만). 메트로배니아의 정석 그 자체라 색다른 부분은 적지만, 사용 가능한 아이템이 엄격하게 제한되어 있다는 점이 독특하다. 새로운 아이템을 얻는다고 해서 곧바로 강해지는 것이 아니라 최적의 조합을 고민하면서 난관을 넘어야 한다. (h)

040 GRIS

`PC` `Switch` `PS` `iOS` `Android`   발매연도: 2018   개발: Nomada Studio

물감처럼 번지는 색채부터 아름다운 실루엣을 강조하는 배색까지, 탁월한 색감이 돋보이는 작품. 「GRIS」는 몇 가지 특수능력으로 퍼즐을 풀면서 나아가는, 비교적 간단한 2D 액션 게임이다. 게임의 무대는 주인공인 소녀의 머릿속 세계인데, 몽환적이면서도 곡선으로 이루어진 기하학적 무늬가 아름답다. 색과 선뿐만 아니라 애니메이션의 완성도도 무척이나 높다. 한 편의 예술 작품을 감상하듯 시각적인 분위기를 중시한 작품이다. 언어에 의존하지 않는 스토리와 게임 전반에 드리운 차분한 템포 덕분에 헤맬 일은 거의 없다. 하지만 이 모든 것은 결말에서 작품의 분위기를 완전히 뒤집기 위한 밑 작업. 그 덕분에 예정조화와 같은 클라이맥스가 한층 선연하게 빛난다. (치바)

041 ENVIRONMENTAL STATION ALPHA

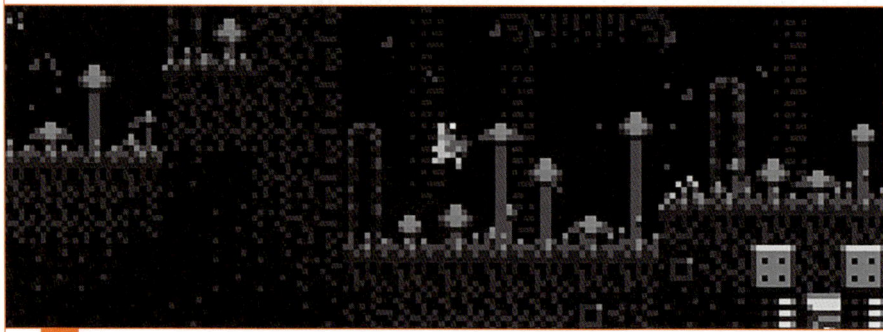

`PC`   발매연도: 2015   개발: Arvi Teikari, Roope Mäkinen

메트로배니아의 뿌리인 패미컴 버전 『메트로이드』의 매력 포인트를 가져오는 한편 오늘날 플레이해도 손색이 없도록 완성도를 끌어올린 작품. 「바바 이즈 유」(125p) 개발진이 전작과 마찬가지로 8비트 게임만이 낼 수 있는 느낌을 아낌없이 펼쳐 보였다(도트 그래픽은 패미컴 버전보다도 거칠다). 시스템부터 설정, 캐릭터 디자인까지 원조인 『메트로이드』를 의식하고 있지만 손맛은 현대적이라서 30분만 플레이해보면 장르 내에서 최상급이라 해도 좋을 만큼 잘 만들어졌다는 사실을 실감할 수 있다. 『메트로이드』의 가장 큰 매력인 '기믹과 맵 간의 연동'을 계승하면서 원조의 스트레스 요소를 없앴다는 점에서 뉴트로의 교본과 같은 작품이다. (h)

042 THE VAGRANT

PC | Switch

발매연도: 2018 개발: O.T.K Games

떠돌이 검사 비비안이 되어 검과 마법이 난무하는 모험을 떠나는 액션 게임. RPG 특유의 성장과 탐험 등 다양한 요소가 잔뜩 담긴 작품이지만, 그중에서도 매력 넘치는 아트워크가 시선을 사로잡는다. 어릴 적부터 일본 게임을 즐겨 왔고 그중에서도 바닐라웨어를 존경한다는 개발자가 만든 「더 베이그란트」는 오마주 대상에 뒤지지 않을 만큼 아름다운 손 그림풍 그래픽을 자랑한다. 물론 공격, 점프, 콤보와 같은 액션에서 느껴지는 손맛도 더할 나위 없는 수준. 액션에 자신이 없다면 장비나 캐릭터를 키워서 공략할 수도 있지만 이지 모드로 도전하는 것도 좋은 방법이다. 세일 기간을 방불케 하는 가격(4,500원)도 장점. (토쿠오카)

043 동방 루나 나이츠 (TOUHOU LUNA NIGHTS)

PC | Xbox | Switch

발매연도: 2019 개발: Team Ladybug

탄막 슈팅 게임 『동방 프로젝트』 시리즈 속 캐릭터가 활약하는 메트로바니아. 플레이어는 홍마관의 메이드이자 '시간을 조종하는 정도의 능력'을 지닌 이자요이 사쿠야가 되어 홍마관의 당주 레밀리아가 만들어낸 신비한 세계를 돌파하는 '놀이'에 도전한다. 각 스테이지는 시간을 멈추거나 움직일 때마다 바뀌는 기믹으로 가득 차 있고 사쿠야의 능력은 일정한 제약을 받으므로 플레이어는 창의력을 발휘해야 한다. 보스전에서는 탄막 게임을 방불케 할 만큼 적의 탄환이 빈틈없이 날아온다. 이 또한 사쿠야의 능력을 활용해 피해야 한다. 『동방 프로젝트』를 처음 접하는 사람도 재미있게 즐길 수 있는 작품이며 2021년까지도 콘텐츠가 꾸준히 추가되었다. (토쿠오카)

2D_ACT 동굴 이야기(洞窟物語)

044 동굴 이야기 (洞窟物語)

PC　Switch

발매연도: 2004　개발: 개발실 Pixel

인디게임이라는 단어가 지금만큼 널리 쓰이지 않던 시절, 개발실 Pixel(아마야 다이스케) 혼자 힘으로 개발해 전 세계 크리에이터에게 많은 영향을 준 2D 액션 게임. 하나하나 손수 찍은 듯한 도트 그래픽과 직접 개발한 작곡 소프트웨어로 만든 팝적인 칩튠은 당시에도 레트로하다는 평가를 받았다. 하지만 점프나 공중에서의 부스트 컨트롤에서 느껴지는 손맛, 완성도 높은 레벨 디자인과 스토리텔링은 '최고의 2D 액션 게임'을 만들겠다는 야심이 물씬 느껴진다. 스테이지를 오가는 구성을 취하면서도 다이내믹한 보스전과 스토리를 실현한 것은 지금 봐도 높이 평가할 만하다. 이러한 요인들로 인해 「동굴 이야기」는 올드 스쿨 런앤건이나 메트로바니아 등 어느 한 장르에 얽매이지 않는 독특한 매력을 갖는다. 또한 2D 액션 게임으로서는 보기 드물게 던전 자체에 스토리를 녹여 다양한 오브젝트로 이야기를 풀어낸다는 점에서 환경 스토리텔링의 시초로도 볼 수 있다. 이처럼 서사에 충실하면서도 클리어 타임으로 경쟁하는 히든 던전 '피로 물든 성역'도 마련되어 있어 까다로운 게이머도 만족할 만한 작품이다. 비주얼부터 사운드, 게임 디자인, 스토리에 이르기까지 모든 부문에서 빈틈없는 이 작품이 크리에이터들의 사랑을 받는 것은 당연한 일 아닐까. 일본 인디게임의 원점이자 전 세계의 찬사를 받는 명작이다. 입문자라면 확장 마스터판 「Cave Story+」부터 플레이하는 것을 추천한다. (이마이)

2D_ACT 하이퍼 라이트 드리프터(HYPER LIGHT DRIFTER)

045 하이퍼 라이트 드리프터
(HYPER LIGHT DRIFTER)

`PC` `PS` `Switch` `iOS` `Xbox`

발매연도: 2016　개발: Heart Machine

1비트 게임기 시절의 이상을 모두 집어넣은 젤다 라이크의 최강자. 고해상도 화면에 한땀 한땀 수놓은 픽셀 아트가 플레이어의 상상력을 자극한다. 고도 문명을 불태운 거신병이 힘없이 쓰러진 뒤, 그 자리에 초목과 이끼가 자라고 어디선가 나타난 수인들이 문명을 부흥시키는 시대…. 설명이 아닌 이미지만으로도 드러나는 낭만적인 SF 세계는 주인공의 목적이나 병과 같은 수수께끼와 맞물려 플레이어의 호기심을 돋운다. 진실을 찾아 떠나는 모험에는 치열한 전투가 기다린다. 총과 칼로 맞서고 무적 대시로 살아남아라. 벌칙에 가까운 난도지만, 리스폰 지점이 촘촘해서 재도전하기 쉽다. 목숨을 건 전투와 아름다운 경치의 조합은 플레이어의 기대감을 부채질하고 상상력을 기른다.

어둡지만 비관적이지 않은 세계관과 와비사비(불완전함을 귀하게 여기는 일본의 전통 미의식)로 가득 찬 과묵한 전개는 플레이어에게 해석의 여지를 주고 또 다른 창작을 부추긴다. 과거 게임 용량에 한계가 있었던 시절, 세계관의 빈틈을 고찰로 메우던 문화를 떠올리면 된다. 「하이퍼 라이트 드리프터」의 성공을 계기로 닌텐도가 이 작품에 사용된 게임 엔진인 게임메이커 스튜디오를 스위치에서 지원하기 시작한 것도 기념할 만한 쾌거다. 아름다운 픽셀 아트가 품고 있는 이야기의 씨앗은 스위치에도 인디게임 신을 구축했다. (노무라)

046 UNWORTHY

PC

발매연도: 2018 개발: Aleksandar Kuzmanovic Games Inc.

『다크 소울』 시리즈와 『블러드본』을 사랑하는 개발자가 만든 소울라이크 2D 메트로배니아. 『다크 소울』의 영향력이 강하게 느껴지지만, 이 작품은 경험치와 돈이 따로 집계되는 특성상 죽더라도 돈만 떨어뜨린다는 점에서 작은 배려심이 느껴진다 (다만 메트로배니아인데도 점프가 불가능하다). 공격과 회피 모두 스태미나를 소비하는 시스템에 보스전은 포기하고 싶은 마음이 들 만큼 어려운데, 이 또한 전통을 그대로 계승한 대목이다. 무채색의 도트 그래픽으로 그려지는 음울한 세계는 플레이어에게 독특한 경험을 선사한다. 다만 한국어를 지원하지 않으므로 영어를 어느 정도 이해하지 못하면 경험의 질이 낮아질 수 있다. (토쿠오카)

047 솔트 앤 생츄어리 (SALT AND SANCTUARY)

PC PS Switch

발매연도: 2016 개발: Ska Studios

솔트는 영혼, 생츄어리는 화톳불. 『다크 소울』 시리즈의 문법을 착실히 따르면서도 초고난도 돌파법을 다양하게 준비해 게이머가 직접 플레이 방법을 발견해 나가는 2D 액션 게임이다. 첫 도전에 절대 깰 수 없는 보스전, 죽으면 경험치가 날아가는 시스템, 다른 플레이어가 남긴 메시지에 숨은 함정, 음울한 비주얼 등 장르의 클리셰를 충실히 담아냈다. 이 게임은 사전 지식이 매우 중요하다. 보스가 어떤 속성에 약한지, 어디에서 강한 무기를 주울 수 있는지, 어떤 클래스가 강한 무기를 사용할 수 있는지 등을 파악해 두면 난도가 확 낮아진다. 재도전을 거듭하며 공략 차트를 짤 수도 있다. 다양한 공략을 수용하는 대범함으로 오마주 작품의 틀을 넘은 게임이다. (노무라)

048 스펠렁키 (SPELUNKY)

`PC` `Xbox` `Switch`

발매연도: 2013 개발: Mossmouth

이 게임은 플레이할 때마다 구조가 바뀌는 유적을 돌아다니며 가장 깊숙한 곳에 잠든 보물을 찾는 액션 플랫포머다. 유적에는 화살이 나오는 함정과 찔리면 죽는 가시밭, 주인공을 향해 밀려드는 몬스터들이 기다리고 있다. 주인공은 체력이 적은 탓에 금방 죽는다. 그러니 조그만 함정이라고 해서 방심하면 안 된다. 하지만 유적의 구조는 매번 바뀌므로 기억력에 의존할 수가 없다. 플레이를 거듭해 경험치를 쌓고 위기를 알아차리는 감과 대처법을 몸으로 익히는 수밖에. 앞으로 나아가면 플레이어를 기다리는 것은 퀴즈다. 과연 퀴즈를 풀고 보물을 손에 넣을 수 있을 것인가? 주인공의 딸이 활약하는 속편도 있다. (요나시)

049 로그 레거시 (ROGUE LEGACY)

`PC` `iOS` `그외` `PS` `Xbox` `iOS`

발매연도: 2020 개발: Cellar Door Games

한 번 들어가면 다시는 나올 수 없는 성으로 끊임없이 도전하는 일족을 그린 2D 액션 게임. 저주받은 성은 들어갈 때마다 그 구조를 바꾸며 플레이어를 덮친다. 플레이할 때마다 바뀌는 것은 성뿐만이 아니다. 플레이어는 게임을 새로 시작할 때마다 직전에 목숨을 잃은 캐릭터의 자손을 조작하게 된다. 당연히 자손들의 직업이나 특성은 윗세대와 다르다. 이 특성이 꽤 성가신 요소인데, ADHD면 이동 속도가 빨라지고 향수병은 화면이 세피아 톤으로 변하는 식으로 게임이 확 뒤바뀐다. 일족의 부흥을 위해 장이 예민한 기사나 성기능항진증에 걸린 암살자가 되어 저주받은 성으로 쳐들어가자. 인기에 힘입어 2편도 발매되었다. (요나시)

050 데드셀 (DEAD CELLS)

PC | PS | Xbox | Switch | Android | iOS

발매연도: 2017　개발: Motion Twin

경이로운 판매량을 기록하며 인디게임 신에 나타난 괴물. 얼리 액세스 기간에만 85만 장이 팔렸으며, 2020년 11월 기준 전 기종 합산 판매량은 350만 장에 이른다. 메트로배니아, 로그라이트, 스타일리시 배틀을 모두 갖춘 2D 액션 게임의 결정판이다. 그나저나 제목이 어쩐지 으스스하지 않나? 그도 그럴 것이 주인공은 목 아래부터 시체, 머리는 아메바 모양의 세포다. 이 같은 설정에서 느껴지는 불길한 느낌은 섬 전체를 뒤덮은 역병처럼 사람들을 좀먹고 변이를 낳았다. 섬세한 픽셀 아트로 그리는 지옥과 달리 게임 내용은 어깨를 들썩이게 만든다. 가슴 뛰게 하는 리드미컬한 BGM이 전투를 통해 살아있음을 느끼는 주인공의 심경을 연주한다. 게임이 진행될수록 적이 단단해지니 강한 무기가 나오면 주워 두자. 주운 무기가 익숙하지 않은 종류라면 죽음에 이르겠지만 상관없다. 어차피 시체니까. 죽어서 싸우고, 또 죽는다. 이 과정을 되풀이하면서 모든 무기에 대한 숙련도를 높이고, 운명의 장난에 굴하지 않는 컨트롤을 몸에 익힌 그 순간, 섬을 감싼 역병의 원인과 지옥과 같은 낙원의 진짜 소유자가 드러난다. 무기와 발판을 조합한 전투 스타일을 즉흥적으로 풀어나가는, 액션 게이머의 낙원은 전투의 희열이 언제까지나 이어질 것을 약속한다. 다른 기종으로의 진출은 그 기세를 멈출 줄 모르고, 2019년 스마트폰 버전이 나온 데 이어 다섯 번에 걸쳐 DLC가 출시되었다. 이제 이 낙원에서 도망칠 길은 없다. (노무라)

051 RISK OF RAIN

`PC` `Xbox` 발매연도: 2013 개발: Hopoo Games

이 하드코어 액션 슈팅 게임은 플레이어의 지력, 체력, 운을 모두 시험한다. 일반 몬스터와 보스 몬스터까지 무작위로 나타나므로 장소와 상대를 고를 수 없기 때문이다. 그러니 항상 현시점 최고를 목표로 강화해야 한다. 적을 쓰러뜨려 모은 돈으로 아이템을 사서 콤보를 만들자. 시간이 지날수록 어려워지는 게임에 맞서기 위해 상시 버프와 조건 발동 스킬로 덕지덕지 무장하는 군확 경쟁이 시작된다. 죽으면 처음부터 다시 시작하는 로그라이크(Rogue-like) 요소로 인해 혼자 플레이해도 중독성 넘친다. 물론 최대 4명까지 즐길 수 있는 멀티 플레이도 재미있다. 동료들의 군확 경쟁을 고려해 전리품을 분배하자. 총구가 늘어나더라도 극악무도한 난도에 변함은 없지만. (노무라)

052 NOITA

`PC` 발매연도: 2020 개발: Nolla Games

탄탄하면서 빈틈을 찾기 힘든 사이드뷰 로그라이트 액션 게임. 플레이할 때마다 바뀌는 던전 깊숙한 곳으로 나아가면서 마법의 지팡이를 무기로 적과 치열한 공방을 벌인다(얼마나 치열한지 패드로 플레이하기 힘들 정도다). 거친 픽셀 그래픽은 단순히 레트로한 분위기를 위한 장치처럼 보일 테지만 알고 보면 다 이유가 있다. 맵 위 픽셀 하나하나에 물리 엔진이 적용되어 있어 조금만 충격을 줘도 불타거나 폭발하거나 독투성이가 된다. 변태스러운 종류의 함정은 거의 없지만, 지형 자체가 '또 다른 적'으로 주인공의 앞을 막아선다. 하지만 나중에는 지형과 타협해 나가는 과정이 이 작품에서만 느낄 수 있는 쾌감으로 바뀔 것이다. (h)

053 다운웰 (DOWNWELL)

`PC` `Switch` `PS` `Android` `iOS` `Xbox` 발매연도: 2015 개발: Moppin

깊은 우물 속으로 하염없이 떨어지는 점프 액션 게임. 조작은 좌우, 점프, 사격뿐이라 단순명쾌하지만 실탄은 주로 아래를 향해 날아가고 점프도 미묘하게 제약이 걸려 있다. 그래서 오히려 속도감과 중독성이 어마어마하다. 주인공은 꽤 강해서 초반부터 빠른 템포로 플레이할 수 있다. 익숙해지면 사격과 착지 간 구분, 파워 업 상태 유지, 랜덤으로 생성되는 맵 등 심화 과정에 대응하기 위해 기꺼이 머리를 쥐어짜게 될 것이다. 사실 이 게임에는 '만능' 공략법이 없다. 맵은 한 치 앞도 보이지 않는 탓에 어두컴컴한 나락으로 눈 딱 감고 뛰어드는 일도 다반사. 하지만 그런 스릴도 이 게임만의 매력 포인트다. (h)

054 테라리아 (TERRARIA)

`PC` `PS` `Android` `iOS` `Switch` `Xbox` 발매연도: 2011 개발: Re-Logic

한 마디로 설명하자면 2D 버전 「마인크래프트」(161p). 하지만 이 작품 역시 새로운 장르를 만들어 낸 금자탑이다. 게임의 주 무대는 지하 세계다. 파고 또 파서 획득한 소재로 새로운 물건을 만들고 이후에는 전투에 빠져서 살든, 건축에 몰두하든 플레이어 마음이다. 여럿이 즐기기 좋다는 점에서도 「마인크래프트」가 떠오르지만, 강한 몬스터나 보스를 다양하게 마련하는 등 게임 설계 단계부터 전투를 중시한 「테라리아」는 핵 앤 슬래시 요소를 지닌 액션 RPG로서의 완성도도 높다. 다시 말해 「마인크래프트」와 비슷하지만 다른 게임. 드넓은 맵을 성큼성큼 답파해 나가는 기분을 느끼기 쉬운 것도 2D이기에 가능하다. (h)

055 AXIOM VERGE

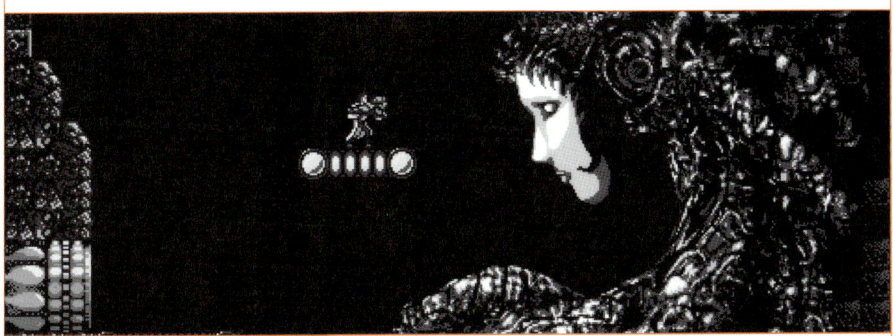

`PC` `Switch` `PS` 발매연도: 2015 개발: Thomas Happ Games LLC

베테랑 게임 개발자 토마스 햅이 비주얼과 사운드는 물론 하나부터 열까지 혼자 힘으로 만든 액션 게임.『메트로이드』『콘트라』등 레트로한 게임 취향이 반영된, 아름다우면서도 음산한 픽셀 아트와 칩튠으로 구현한 어두운 분위기의 테크노 사운드가 독특한 매력을 풍긴다. 게임 시스템 자체는 탐색과 전투가 메인인 정통 메트로배니아. 다른 세계에 떨어진 과학자 트레이스가 정체를 알 수 없는 바이오메카노이드와 세계를 구한다는 스토리도 SF물의 클리셰처럼 보이지만, 매력적인 세계관과 절묘하게 비튼 설정, 버그를 소재로 한 기믹 등 개발자의 집념이 느껴지는 만듦새로 인해 이 작품은 이채를 발한다. (이마이)

056 브로포스 (BROFORCE)

`PC` `Switch` `PS` 발매연도: 2015 개발: Free Lives

세계가, 그리고 자유가 위험에 빠졌다! 하지만 브로포스가 있는 한 자유는 사라지지 않는다!「브로포스」는 최강 부대 브로포스의 멤버가 되어 자유를 위협하는 악당을 말살하는 액션 게임이다. 브로포스 멤버는 '브로미네이터'나 '브로만도'처럼 이름에 '브로'가 들어가 있고, 다들 어디서 본 듯한 느낌이다. 그도 그럴 것이 패러디가 매력 포인트인 이 게임의 플레이어블 캐릭터는 명작 액션 영화 속 영웅들을 본떠서 만들어졌기 때문이다. 원작에서 보던 무기와 능력을 구사해 적을 모조리 없애버리자. 액션 영화 속 영웅들이 총출동한다는 공통점 덕분에 영화《익스펜더블 3》와 콜라보한「더 익스펜더브로스」도 나왔다. (요나시)

057 삽질 기사 (SHOVEL KNIGHT)

`PC` `PS` `Switch` `그외` 발매연도: 2014 개발: Yacht Club Games

삽질 기사는 한때 모든 사람이 우러러보던 위대한 모험가였지만, 불의의 사고로 파트너인 방패 기사를 잃고 실의에 빠진다. 그가 자취를 감춘 사이 요마가 이끄는 악의 세력이 힘을 기르면서 세계는 곤경에 처한다. 가만히 있을 수 없었던 삽질 기사는 다시 모험을 떠나기로 마음먹는다. 2D 액션 게임인 「삽질 기사」는 레트로한 분위기가 특징이다. 적은 색상과 낮은 해상도로 그린 세계를 도트로 이루어진 삽질 기사가 종횡무진 휘젓고 다닌다. 주인공의 이름에서도 알 수 있듯이 삽을 이용한 액션이 코믹한 느낌을 준다. 본편 속 다른 기사들이 주인공인 외전도 있어서 또 다른 재미를 느낄 수 있다. (요나시)

---

058 ICEY

`PC` `Switch` `Android` `iOS` 발매연도: 2016 개발: FantaBlade Network

유럽 최대 게임 개발자 콘퍼런스 데브컴(Devcom)의 한 강연에서 폴란드의 콘퍼런스 주최자가 이렇게 말한 적이 있다. "요즘은 보도자료마다 템포가 빠르다(fast-paced)느니 혼란스럽다(chaotic)느니 하는 홍보 문구를 남발하는데, 너무 많이 쓰이는 탓에 오히려 와닿지 않는다" 이 작품은 '숨이 멎을 듯'한 '아트워크'와 '스피디'하면서 '혼란'스러운 '스타일리시 배틀'이 특징인 '레트로' 감성의 '메트로배니아'다. 실제로 그런 게임으로 플레이할 수도 있지만, 이 작품의 본질은 따옴표 속 요소들을 의도적으로 집어넣었다는 점에 있다. 직접 플레이해서 이 작품의 진짜 모습을 확인해보길 바란다. (토쿠오카)

059 디스 워 오브 마인 (THIS WAR OF MINE)

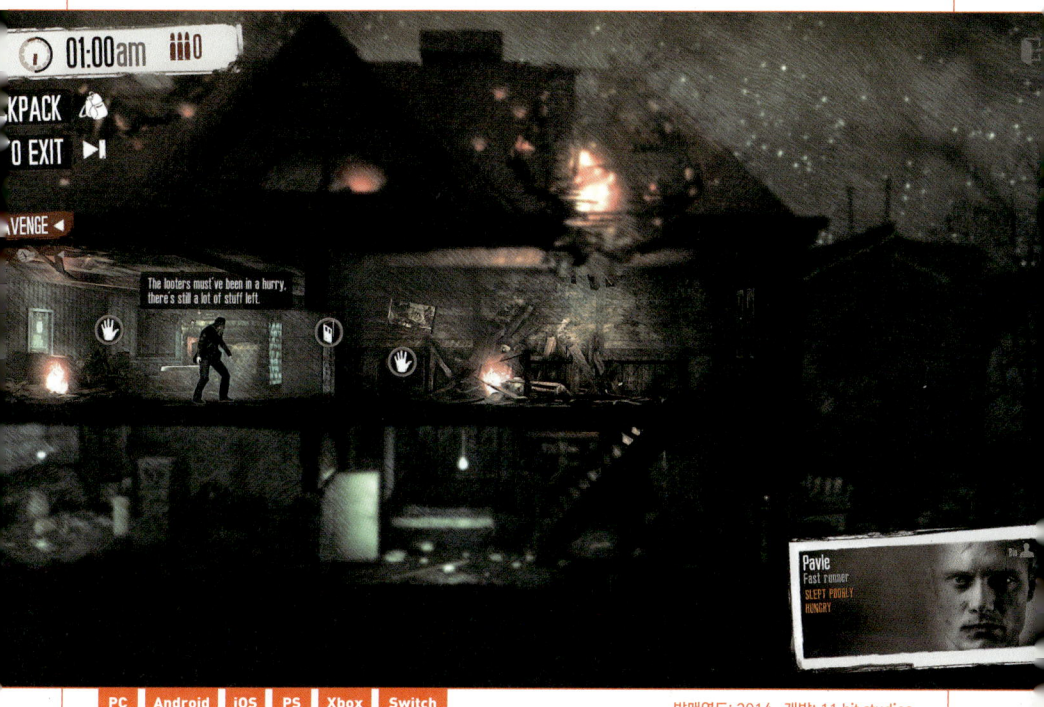

`PC` `Android` `iOS` `PS` `Xbox` `Switch`   발매연도: 2014   개발: 11 bit studios

전쟁 속 민간인의 생존을 다루는, 전략 게임에 가까운 작품. 보스니아 전쟁 중에서도 사라예보 포위전이 모티프다. 플레이어는 민간인으로 이루어진 팀을 조작하는데, 종전일까지 살아남기 위해 갖은 대책을 짜내야 한다. 게임은 낮 파트와 밤 파트로 나뉜다. 낮에는 피난처를 정비하며 식사나 도구를 만들고, 밤에는 마을에 숨어 들어가 남이 버린 음식이나 약을 찾는다. 하지만 그때마다 플레이어는 어려운 질문과 맞뜨린다. 모아둔 식량이 바닥을 보이기 시작한 어느 밤, 여느 때처럼 마을로 나갔다가 노부부만 사는 집을 발견했다고 치자. 노부부의 집에는 식량이 많고, 시민은 손도끼를 들고 있다. 플레이어는 무엇을, 어떻게 해야 할까? 폭력을 써서라도 식량을 손에 넣지 않으면 팀원들은 머지않아 굶어 죽는다. 하지만 도덕에 반하는 행위는 시민들의 정신을 갉아먹고, 쌓이고 쌓인 스트레스는 우울증과 같은 증상(행동불능)으로 표출된다. 암울한 분위기는 금세 시민들 사이에 퍼지고, 결국 모든 팀원이 완만한 죽음을 맞이한다. '전쟁 중에는 좋은 판단도 나쁜 판단도 없다. 단지 살아남는 것이 전부' 이만큼 작품 속 전쟁의 부조리와 딜레마를 적절히 보여주는 말이 또 있을까. 한편 이 작품은 2020년 폴란드에서 학교 추천 도서(개발사는 바르샤바에 있다)로 지정되었다. PC 게임이 학교 추천 도서로 지정된 것은 「디스 워 오브 마인」이 세계 최초다. (토쿠오카)

060 마크 오브 더 닌자 (MARK OF THE NINJA)

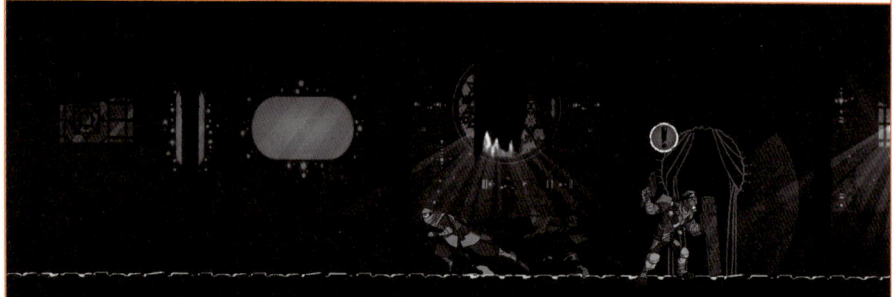

PC **Xbox**   발매연도: 2012 개발: Klei Entertainment

사이드뷰 스텔스 닌자 액션 게임. 주인공은 수리검 하나로 적을 쓰러뜨리는 먼치킨이라기보다 '밀정'에 가깝다. 따라서 적과 정면으로 마주치면 순식간에 죽는다. 항상 어둠 속에 몸을 감추고 그림자에서 또 다른 그림자로 질풍처럼 달려라. 그렇게 적의 눈을 속이고 암살하고 적진 깊숙이 파고들다 보면 액션 하나하나에서 속도감과 긴장감이 느껴지는데, 바로 여기에 이 작품의 카타르시스가 집약되어 있다. 기법을 구사해 암살을 연속으로 성공했을 때 느껴지는 손맛은 다른 스텔스 게임에서 찾아보기 힘들 것이다. 꼭 필요할 때만 적을 죽이는 식으로 불살을 관철하면서 진행할 수 있다는 점도 흥미롭다. 화면에도 공을 들여서 현대 닌자물로서의 분위기도 일품이다. (h)

061 페즈 (FEZ)

PC **PS** **iOS** **Xbox** **Switch**   발매연도: 2012 개발: Polytron Corporation

얼핏 보면 블록을 쌓아서 만든 2D 액션 게임처럼 보인다. 하지만 스테이지 자체를 90도씩 좌우로 돌리면 처음에는 보이지 않던 부분이 드러난다. 이를 퍼즐 풀이에 이용한다는 점에서 특이한 액션 퍼즐 게임이다. 단순히 2D와 3D 표현을 합치는 것에 그치지 않고 앵글에 따라 물리적인 거리도 바뀌어 점프가 가능해지는 등 퍼즐로서의 장치도 가득 담겨 있다. 따라서 첫눈에 신기한 것은 물론 퍼즐 게임이기에 맛볼 수 있는 즐거움도 느낄 수 있다. 픽셀 아트와 블록을 조합해 독특한 분위기를 자아내는 아트워크도 매력 포인트. (치바)

062 I WANNA BE THE GUY

`PC` 발매도: 2020 개발: Natsu(원작·협력: Michael "Kayin" O'Reilly)

2D 액션이라는 장르에 지옥을 만든 게임. 2007년 발표된 프리웨어 게임인 「I Wanna Be The Guy」는 명작 플래시 게임인 「인생막장 대모험」의 영향을 받았다. 두 작품은 지독한 살의를 내뿜는다는 공통점이 있다. 절대 한 번에 통과할 수 없는 함정과 섬세한 컨트롤이 필요한 스테이지를 '어디깨 보시지' 하는 느낌으로 마구 집어넣었다. 하지만 경악스러운 난도가 오히려 게이머의 혼에 불을 지폈다. 이 게임은 세계적으로 붐을 일으켰고, 팬 게임과 오마주 작품이 우후죽순 쏟아졌다. 한 능력자에 의해 PC 버전 리마스터판이 개발되었으니 아직 플레이한 적 없는 게이머라면 지옥을 체험해보자. (요나시)

063 VVVVVV

`PC` `Switch` `iOS` `Android` `그 외` 발매도: 2010 개발: Terry Cavanagh

플레이어는 우주선의 선장이 되어 조난으로 뿔뿔이 흩어진 선원들을 찾기 위해 불가사의한 공간을 돌아다닌다. 수수께끼로 가득한 드넓은 공간은 수많은 방으로 이루어져 있고, 다른 방으로 들어갈 때마다 화면이 전환된다. 방에 설치된 함정에 닿으면 즉사하지만(추락사는 없다), 부활 포인트가 곳곳에 있어 금방 재도전할 수 있다. 액션도 좌우 이동과 중력 반전(중력을 반전시키면 원래 천장이었던 방향으로 떨어진다)뿐이라 게임 전개가 매우 빠르다. 클리어 자체는 간단하나 모드 해금을 노리면 확 어려워지기도 하여 초보부터 고수까지 두루두루 추천할 만한 작품이다. (토쿠오카)

064 THE IMPOSSIBLE GAME

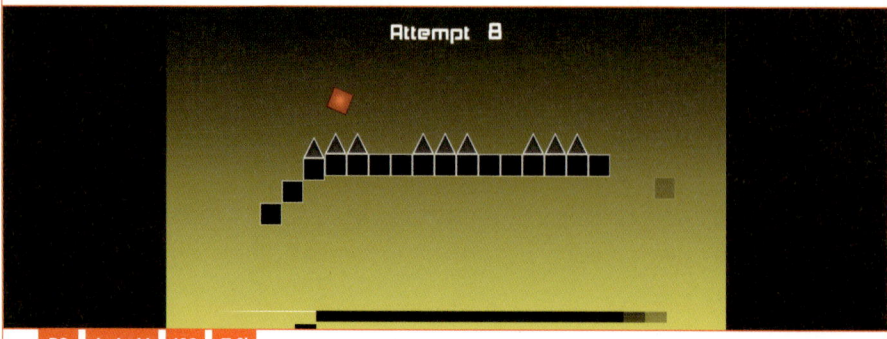

`PC` `Android` `iOS` `그외`　　　발매연도: 2009　개발: Grip Games

빠르게 뒤따라오는 장애물을 피하며 목표를 이룰 때까지 살아남아라! 요즘 들어 극악의 난도가 셀링 포인트인 캐주얼 게임이 흔해졌는데, 그 선두주자가 바로 「The Impossible Game」이다. 점프로 스파이크나 벽, 절벽을 뛰어넘으며 앞으로 나아가는 방식으로, 간단해 보이지만 제목에서 알 수 있듯이 이 게임은 매우 어렵다. 무려 몇 프레임 단위로 찾아오는 타이밍에 맞춰 점프하지 않으면 장애물에 걸리고 만다. 이러한 상황이 연이어 밀어닥치기에 무섭다. 랜덤 요소는 전혀 없지만 클리어는 한없이 불가능에 가깝다. 하지만 근사한 음악에 맞춰 의도대로 조작했을 때 느껴지는 쾌감은 말로 다 할 수 없다. (요나시)

065 슈퍼 미트 보이 (SUPER MEAT BOY)

`PC` `Xbox` `PS` `Switch` `그외`　　　발매연도: 2010　개발: Team Meat

움직이는 고깃덩어리 미트 보이는 여자친구인 밴디지 걸을 닥터 피터스에게 납치당한다. 여자친구를 구하기 위해 미트 보이의 위험천만한 모험이 시작된다! 「슈퍼 미트 보이」는 2D 액션 게임의 정석과 같은 조작감을 자랑하지만, 난도는 경악스러울 정도다. 바늘과 회전하는 톱날, 움직이는 벽이 미트 보이를 덮친다. 도저히 깰 수 없어 보이지만, 알고 보면 누구나 플레이할 수 있도록 교묘하게 난도 조정이 이루어져 있다. 덕분에 어렵긴 해도 한 번 더 도전해 보고 싶은 중독성이 있다. 높은 완성도가 초고난도 액션 게임을 다음 스테이지로 밀어 올렸다. 후속작도 발매 중. (요나시)

066 BIT.TRIP RUNNER

`PC` `Switch` `그 외` 발매연도: 2011 개발: Choice Provisions

강제 횡스크롤 점프 액션 게임. 이 장르의 또 다른 걸작으로는 「Canabalt」(Adam Saltman, 2009)이 있는데, 그로부터 2년 뒤에 나온 이 작품은 점프 외에도 킥이나 슬라이딩 등 여러 액션이 추가되었다. 액션을 취하는 타이밍과 BGM이 연동되므로 뛰거나 수그려서 장애물을 피했을 때 느껴지는 쾌감이 배가 된다(다만 리듬 게임만큼 엄격하지는 않고, 리듬 게임을 기대해서도 안 된다). 난도는 약간 높으나 원하는 타이밍에 애드리브처럼 점프나 슬라이딩을 곁들이며 즐길 수도 있다. 한국어를 지원하지 않지만, 플레이하다가 언어 때문에 곤란할 일은 없다. (토쿠오카)

067 N++

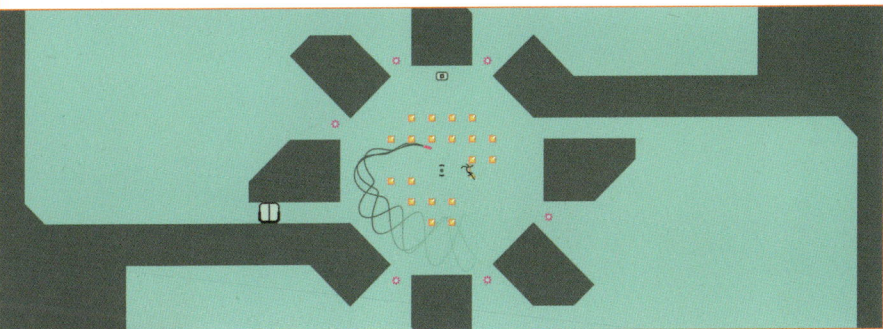

`PC` `PS` `Switch` 발매연도: 2015 개발: Metanet Software Inc.

N의 여정, 그것은 바로 '닌자의 길'. 초인적인 신체 능력과 맞바꾼 탓에 수명이 얼마 남지 않은 N은 금괴를 손에 넣으면 너무 기쁜 나머지 수명이 늘어난다. 오늘도 수명을 얻기 위해 살인 로봇과 대인 지뢰가 가득한 금고를 빠져나가 출구로 향하자. 무기는 점프뿐. 도움닫기로 발판 사이를 뛰어다니고 벽을 박차고 올라가 공격을 피한다. 그래도 거리나 높이가 모자르다면 내리막을 달리는 기세를 도약력으로 바꾸면 된다. 속도 제어가 없는 설정에 4,000개 이상의 스테이지가 플레이어에게 도전장을 내민다. 각 스테이지는 편집도 가능해 난도에 한계가 없다. 시리즈 첫 작품 발매 이후 12년간 숙성에 숙성을 거친, 초고난도 점프 액션이 N을 기다린다. (노무라)

068 셀레스트 (CELESTE)

`PC` `Switch` `PS` `Xbox`

발매연도: 2018　개발: Matt Makes Games Inc.

2010년 「슈퍼 미트 보이」가 나온 뒤로 몇백 번씩 재도전해야 하는 초고난도 2D 플랫포머는 인디 신의 인기 장르로 자리 잡았다. 「셀레스트」는 그 계보를 이으면서도 유례를 찾기 힘든 레벨 디자인과 그에 걸맞은 스토리텔링, 칩튠과 네오클래시컬을 융합한 레나 레인(Lena Raine)의 사운드 트랙으로 폭발적인 인기를 얻은 작품이다. 대시, 이단 점프와 같은 고전적인 장치로 어려운 점프 액션을 담담히 해결해 나가자. 어떤 면에서 등산을 떠올리게 하는 이 게임은 플레이어에게 도전과 함께 성찰의 기회를 준다. (이마이)

069 QWOP

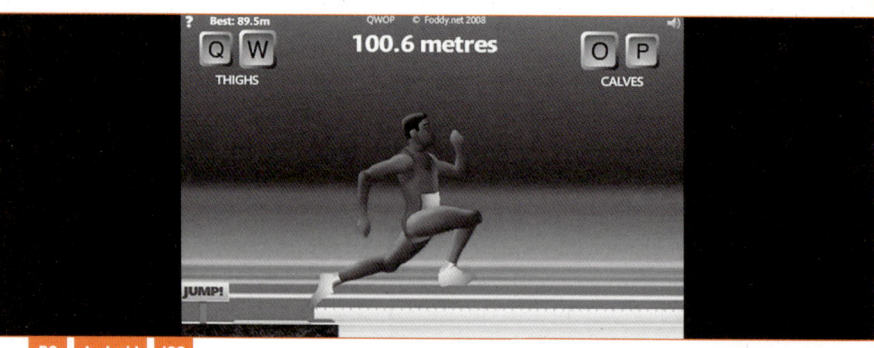

`PC` `Android` `iOS`

발매연도: 2008　개발: Bennett Foddy

단거리 달리기 게임 중에서는 「하이퍼 올림픽」(코나미, 1983)이 유명하지만, 이 작품은 한 가지 버튼만 연타하는 대신 네 가지 버튼(Q, W, O, P)으로 주자를 컨트롤한다. Q와 W로 좌우 허벅지를, O와 P로 좌우 종아리를 조종하는 것이다. 말로 설명하면 와닿지 않는데, 실제로 플레이하면 더 와닿지 않는다. 첫판에는 1m 나아가기조차 쉽지 않다(앞으로 넘어지면 게임 오버). 얼마나 어렵냐면 말도 안 되는 난도에 화가 난 플레이어들이 개발자인 베넷 포디에게 욕설 메일을 쏟아부었을 정도. 베넷 포디는 훗날 일명 '항아리 게임(52p)'을 발표하면서 전 세계로부터 더 많은 악플 세례를 받는다. (토쿠오카)

070 GENITAL JOUSTING

PC   발매연도: 2018   개발: Free Lives

'Jousting'은 말을 탄 기사들이 창술을 겨루는 마상창시합을 가리킨다. 하지만 이 게임은 창 대신 남성기를 휘두른다. 인디 신에는 여럿이서 왁자지껄 즐기기 좋은 파티 게임이 많은데, 이 작품은 그 중에서도 짓궂은 섹드립이 특징이다. 하지만 알고 보면 사회에 만연한 '남성스러움'을 되묻고, 권력과 결부된 남성기를 낯설게 한다는 의도가 숨어있다. 진지함과는 거리가 먼 이 작품을 친구들과 플레이하는 용자가 존재할지는 의문이지만, 사회 비판적인 요소를 집어넣으면서도 팝한 게임을 만드는 남아프리카의 게임 개발사 Free Lives가 흥미로운 존재인 것만은 분명하다. (이마이)

071 MOUNT YOUR FRIENDS

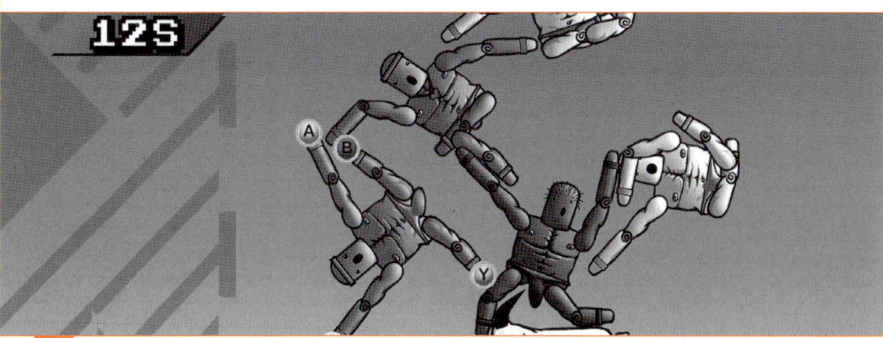

PC   발매연도: 2013   개발: Stegersaurus Software Inc.

근육남을 하늘 높이 쌓아 올리고 싶다. 이 작품은 인류의 오랜 꿈을 이뤄 주는 게임이다. 규칙은 간단하다. 양쪽 손발에 서로 다른 버튼이 할당된 근육남을 조작해 차곡차곡 쌓아 올리면 된다. 다리 사이에 달린 탑을 휘휘 돌리면서 잇따라 나타나는 근육남을 조작해 마초 타워를 세우자. 게임에는 시간제한이 있어 정해진 시간 안에 마지막 근육남보다 높은 곳에 다다르지 못하면 게임 오버. 혼자서도 플레이할 수 있지만 친구와 하면 더 재미있다. 번갈아 가며 근육남을 조종해 마지막 근육남을 밟고 올라서자. 넘지 못하면 거시기… 아니 거기에는 패배만 있다. 이 게임은 장난이 통하는 친구와 플레이하자. 사이가 어색해져도 책임은 못 지니까. (후쿠시마)

072 GETTING OVER IT WITH BENNETT FODDY

`PC` `iOS` `Android` 발매연도: 2017 개발: Bennett Foddy

항아리에 낀 정체불명의 사내 디오게네스가 되어 긴 망치를 휘두르며 가파른 산을 오르자. '항아리 게임'이라는 별명으로 잘 알려진 이 게임은 경악스러운 난도로 플레이어의 참을성을 시험한다. 플레이어는 망치를 암벽 모서리에 건 다음 휘둘러서 이동한다. 마우스를 힘차게 움직여 점프해야 할 때도 있다. 하지만 2D 물리 엔진이 적용된 이 게임은 약간의 컨트롤 미스로 산비탈을 미끄러져 한참 뒤로 물러나는 일이 다반사다. 단번에 출발 지점으로 떨어지는 함정도 있다. 몇 번이고 미끄러진 끝에 포기하는 이들도 적지 않다. 하지만 플레이하다 보면 요령이 생겨 조금씩이나마 나아갈 수 있다는 점이 재미있다. (요나시)

---

073 ABSOLUTE DRIFT

`PC` `iOS` `Android` `PS` `Xbox` `Switch` 발매연도: 2015 개발: Funselektor Labs Inc.

드리프트로 시작해 드리프트로 끝나는, 톱다운뷰 카 액션(레이싱이 아니다) 게임. 요구하는 것은 오직 두 가지. 얼마나 화려하게, 몇 번이나 연속으로 드리프트 할 수 있는가. 이 작품에서 드리프트는 참선처럼 '끊임없이 갈고 닦아야 하는 도(道)'인 셈이다. 화면 구성도 내용도 지극히 단순하지만, 핵심인 드리프트 조작은 타고난 순발력만으로 비비기 힘들 만큼 어렵다. 처음에는 차가 빙판 위에서처럼 이리저리 미끄러지는 통에 직진조차 힘들지만, 과제를 해결하는 동안 점점 조작이 익숙해진다. 연속으로 드리프트에 성공했을 때 온몸을 휘감는 아드레날린이란! 영어로 진행되지만 간단한 미션 설명만 이해할 수 있으면 아무 문제 없다. (h)

074 핫라인 마이애미 (HOTLINE MIAMI)

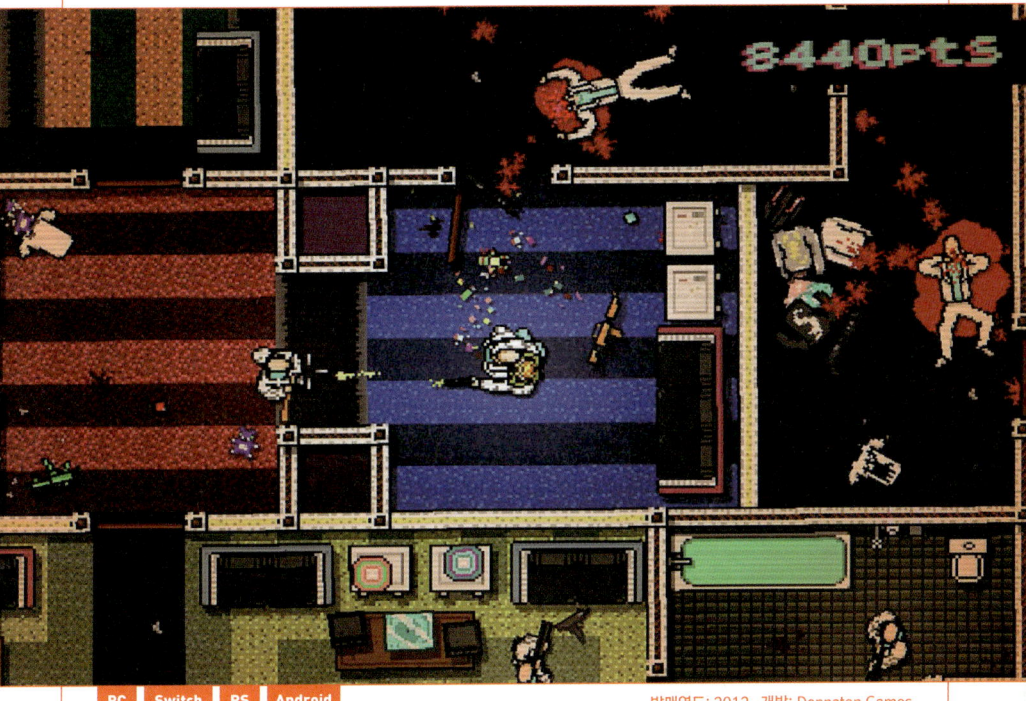

PC Switch PS Android

발매연도: 2012 개발: Dennaton Games

'Cactus'라는 닉네임으로 활동하는 스웨덴의 요나탄 쇠데르스트룀은 원래도 인디게임 개발자로서 나름 유명했다. 그는 일러스트레이터이자 뮤지션인 데니스 웨딘을 만나면서 자기 작품의 세계관을 대폭 넓힐 수 있었다. 현란한 픽셀 아트와 폭력적인 신스웨이브로 그리는 영상 공간. 데이비드 린치와 니콜라스 빈딩 레픈의 영화에서 영향을 받은, 사이코스릴러와 로맨스의 기묘한 동거. 작품 자체는 어렵긴 해도 단순한 톱다운뷰 슈팅 게임으로, 재도전에 대한 부담을 최대한 덜어내자 강렬한 비주얼과 사운드를 즐기는 비디오 드러그로 거듭났다. 또한 게임 플레이 과정에서 얻을 수 있는 환상은 노이즈와 글리치 표현을 만나 플레이어의 사상을 뒤흔드는 강렬한 체험으로 올라섰다. 기존 대중문화에서 많은 영향을 받은 작품이면서, 인디게임이 록이나 힙합과 같은 대중문화로 성립할 수 있다는 사실을 보여준 작품이다. 이 작품이 발표된 뒤로 인디 신에는 톱다운 슈터가 우후죽순 쏟아져 나왔다. 인터넷은 핫핑크와 에메랄드그린색 로고로 뒤덮이고, 신스웨이브 장르의 인기는 한층 더 높아졌다. (이마이)

075 SUPER HEXAGON

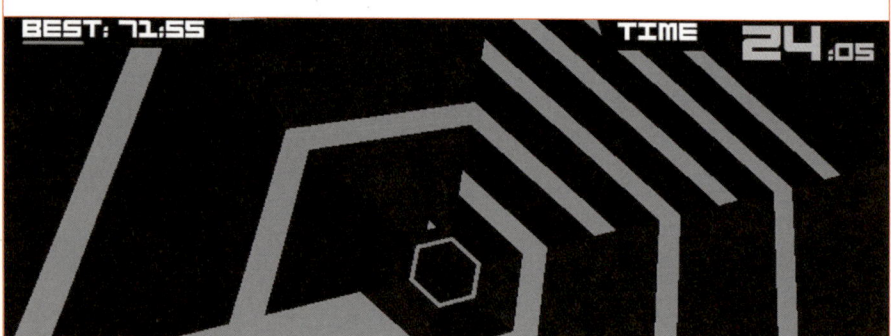

`PC` `iOS` `Android` 발매연도: 2012 개발: Terry Cavanagh

인디게임 신의 미니멀리스트 테리 카바나는 최소한의 비주얼과 게임 메카닉스로 최대한의 게임 플레이를 만들어내는 천재 개발자다. 「슈퍼 헥사곤」은 그가 미니멀리즘의 한계에 도전한 결과물이자 세계적으로 큰 성공을 거둔 작품이다. 빙빙 돌면서 가운데로 밀려드는 벽을 60초간 시계 방향이나 반시계 방향으로 피해야 한다는 시스템은 밑도 끝도 없지만, 추상적인 비주얼과 흥겨운 칩튠이 어우러져 놀랄 만큼 흥미진진한 게임이 되었다. 실력 향상을 체감할 수 있는 레벨 디자인만 보더라도 'easy to learn, hard to master'를 제대로 구현한 작품이라고 할 수 있다. (이마이)

---

076 FTD: FIXIN' TO DIE

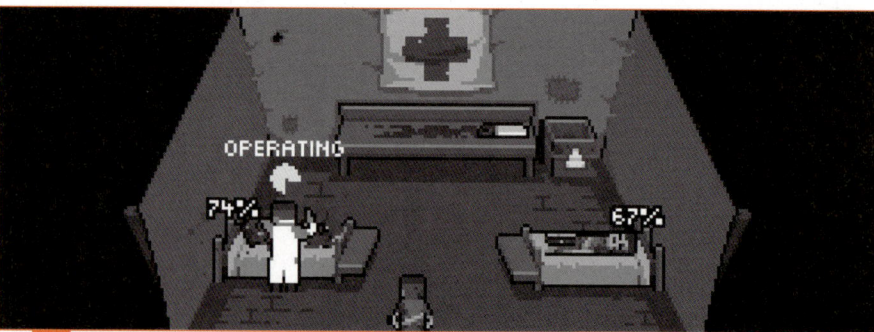

`PC` 발매연도: 2018 개발: SeaDads

게임 잼(Game Jam)은 게임 개발에 관심 있는 이들이 모여 정해진 기간과 주제에 따라 게임을 만드는 이벤트다. 이 게임은 세계 최대 규모 게임 잼 '루둠 다레(Ludum Dare)'의 응모작이다. 주제는 '필요한 희생'. 플레이어는 야전 병원에서 일하는 의사가 되어 다친 병사를 치료한다. 매일 정해진 비율만큼 병사를 구하자. 다시 말해 살 기미가 없는 병사는 버려도 된다. 버려진 병사는 혈액팩 하나를 남긴다. 이 혈액팩이 있으면 다른 병사가 살 확률이 높아진다. 병사들의 죽음은 다른 누군가의 생명줄을 잇는다. 기간이 한정된 만큼 게임 잼에서는 화려한 그래픽이나 중후한 스토리보다 아이디어가 중요하다. 이 게임도 번뜩이는 아이디어가 매력적인 작품이다. (후루시마)

077 에이프 아웃 (APE OUT)

`PC` `Switch`   발매연도: 2019 개발: Gabe Cuzzillo, Bennett Foddy, Matt Boch

우리에 갇혀 있던 고릴라가 벌이는 난폭한 탈출극. 간단히 말하면 탑다운뷰 형식의 미로 탈출 스텔스 액션 게임이다. 50년대 외화 포스터 느낌의 화면 그래픽이 총을 쏘며 다가오는 인간들을 때려서 터뜨리고 던져서 짓이기는 피바람 부는 내용을 예술로 승화시켰다. BGM도 강렬하다. 고릴라가 공격할 때마다 나타나는 즉흥 재즈 드럼과 무작위로 생성되는 스테이지가 직조하는, 게임이라는 이름의 잼 세션. 실제로 각 스테이지는 레코드 앨범의 각 트랙으로 비유되고, 몇 개 스테이지를 클리어하면 재즈 앨범이 만들어지기도 한다(어쩌면 이 게임은 세션 드러머의 백일몽일지도 모른다). 게임이 만들어낸 새로운 재즈 표현 기법이라고 해도 과언이 아니다. (h)

078 미니트 (MINIT)

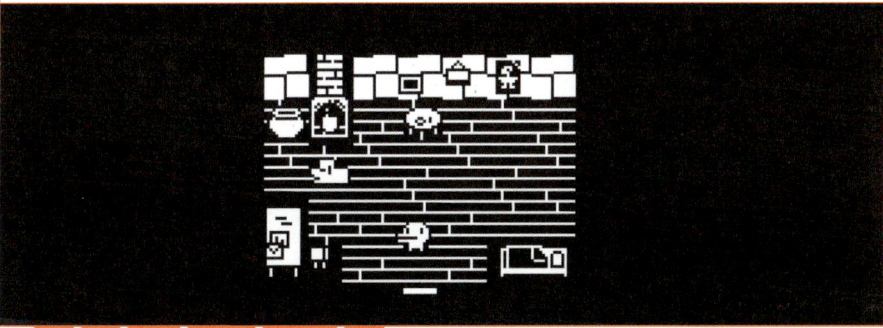

`PC` `PS` `Xbox` `Switch` `Android` `iOS`   발매연도: 2018 개발: JW, Kitty, Jukio, Dom

RPG의 경우 모험 중간에 죽으면 거점에서 다시 시작하기 마련이다. 「미니트」는 바로 이 '리스폰'에 주목한 액션 게임이다. 주인공은 수수께끼의 검을 손에 든 순간부터 수명이 60초로 제한된다. 어떤 상태든 간에 60초가 지나면 죽는 것이다. 죽고 나면 원칙적으로 거점에서 게임을 다시 시작하지만, 죽기 직전까지 모은 아이템과 특수능력은 사라지지 않는다. 이 작품의 목적은 몇 번씩 죽고 다시 시작하면서 '60초가 지나면 죽는다'라는 운명에서 도망치는 것이다. 정기적으로 리스폰 된다는 점만 빼면 2D 시절 『젤다의 전설』에 가까운 작품이며, 흑백 픽셀 아트가 레트로한 느낌을 준다. (토쿠오카)

079 크로스코드 (CROSSCODE)

`PC` `PS` `Xbox` `Switch`   발매연도: 2015 개발: Radical Fish Games

먼 미래의 MMORPG '크로스월드'를 무대로 기억을 잃은 주인공 레아가 되어 자신이 어떤 사람인지 알아 나가는 모험을 떠나자. 온라인 기능이 없는 1인용 액션 게임이지만 MMORPG를 완벽히 재현한 덕분에 많은 사람과 함께 진짜 MMORPG를 플레이하는 듯하다. 레아는 기억을 잃었을 뿐만 아니라 발화 모듈에 이상이 생겨 말을 하지 못한다. 그 점을 대화창으로 커버하는 시스템도 MMORPG다운 느낌을 더한다. 플레이어가 레아라는 인물에 몰입할 수 있도록 돕는 요소이기도 하다. 액션과 퍼즐 풀이의 난이도가 적당해 클리어했을 때 성취감이 크고, 사이드 퀘스트가 100개를 넘을 만큼 볼륨이 넉넉하다. 비주얼도 근사해 무엇 하나 흠잡을 것이 없는 게임이다. (요나시)

080 캐슬 크래셔 (CASTLE CRASHERS)

`Xbox` `PC` `PS` `그외`   발매연도: 2012 개발: The Behemoth

최대 4명까지 멀티 플레이가 가능한(오프라인과 온라인 모두 지원) 벨트스크롤 액션 게임. 학창 시절을 오락실에서 보낸 사람이라면 「던전 앤 드래곤 타워 오브 둠」이라는 게임을 떠올리면 된다. 다양한 플레이어블 캐릭터가 제각기 다른 특징(사용하는 마법 등)을 자랑한다. 이 작품은 RPG 요소도 갖추고 있어 레벨을 올려 캐릭터를 성장시키고 개성을 부여할 수 있다. 싱글 플레이도 가능하나 이 작품의 본질은 멀티 플레이에 있다. 똥이니 오줌이니 몸만 큰 어른들이 좋아 죽는 표현이 많이 나오는 만큼 친한 친구들과 서로 욕하고 도발하면서 화기애애하게 플레이하기 좋다. (토쿠오카)

081 아카츠키 전광전기 [アカツキ電光戦記]

PC

발매연도: 2007 개발: SUBTLE STYLE

「언더 나이트 인버스」와 「블레이블루 크로스 태그 배틀」에 게스트 캐릭터로 참전한 '되살아난 전귀(戰鬼)' 아카츠키. 그의 오리지널 스토리를 주목하라. 인체에서 무기와 맞먹는 에너지를 만들어내는 장치 '전광기관'을 둘러싸고 비밀 요원들이 암약한다. 아카츠키가 맡은 극비 임무는 무엇인가? 인정사정없는 전투가 시작된다! 조작은 세 개 버튼(약, 중, 강 공격)과 8방향 레버를 조합하며, 전투 시스템은 정석적이면서 빈틈이 없다. 공격, 방어, 던지기가 서로 물고 물리는 가위바위보식 상성에 초점을 맞추는 한편 반격기 '공성 방어'와 게이지 소비 필살기에 따르는 긴 무적 시간으로 악센트를 주었다. 화려한 연속기와 흥겹고 귀에 확 꽂히는 BGM도 투쟁심에 불을 붙인다. 뭐니 뭐니 해도 이 작품의 가장 큰 특징은 개성 넘치는 캐릭터다. 열두 명 중 절반 이상이 군부 관계자인데, 제2차 세계대전부터 이어지는 인연도 있다. 군인이 아니더라도 독특하기는 마찬가지다. 괴성을 지르며 발기술을 구사하는 선글라스 차림의 신사, 건 카타 능력자인 마조히스트 수녀, 마법 소녀 뮤카레. 이들을 위화감 없이 하나로 모으는 스토리 또한 걸작이며, 온라인 대전 환경도 발매 당시 기술 수준에 비해 쾌적하다. 오리지널 동인 게임으로는 보기 드물게 아케이드에 이식되고, 주인공이 다른 작품에 게스트 캐릭터로 참전하는 등 동인 격투 게임의 정상에 오른 작품이다. (노무라)

082 THE FRIENDS OF RINGO ISHIKAWA

`PC` `Switch` 발매연도: 2018 개발: yeo

불량소년 이시카와 링고의 고등학교 3학년 생활을 그린 어드벤처 게임. 「열혈경파 쿠니오군」의 영향을 받아 몇십 년 전 일본을 무대로 하지만, 러시아의 개인 개발자가 만들었다. 내용은 한 마디로 '일진 시뮬레이터'. 마을에서 싸움만 하면서 시간을 보내도 되고, 학교에서 성실히 공부만 해도 된다. 아르바이트를 할 수도 있다. 하지만 무엇을 하든 간에 시간은 매정하게 흘러가고, 언젠가 링고는 '마무리'를 지어야 한다. 스포츠나 연극 등 무언가에 열중하는 친구들, 그런 친구들과의 대화. 베란다에서 담배를 피우고, 삼삼오오 모여 바닥에 쭈그려 앉은 모습. 불량소년의 미학을 그리기 위해 사소한 묘사 하나하나 신경 썼다. (치바)

083 NIDHOGG

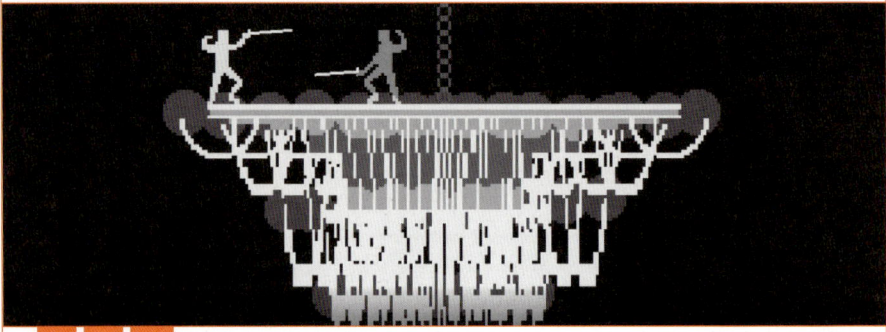

`PC` `PS` `그외` 발매연도: 2014 개발: Messhof

'니드호그(Nidhogg)'는 북유럽 신화에 나오는 뱀, 혹은 드래곤이다. 이름만 들으면 강해 보이지만 플레이어가 조종하는 것은 연약한 인간이다. 길을 막는 적들을 검 하나로 쓰러뜨리며 적진으로 쳐들어가 자기 육체를 위대한 니드호그에게 바치는 것이다. 이 작품은 1대 1 전투 액션 게임이다. 체력 게이지가 없으며, 공격 한 번으로 승부가 난다. 양쪽 모두 몇 번이든 부활할 수 있으므로 끊임없이 싸우다 보면 조금씩 나아갈 수 있다. 그래픽은 거친 픽셀 아트로 이루어져 있지만, 애니메이션은 매끄럽고 인간적이다. 독특한 그래픽과 공격 한 번에 죽을지도 모른다는 긴장감으로 둘러싸인 진퇴는 다른 대전 격투 게임에서 찾을 수 없는 매력을 발산한다. (후루시마)

084 리썰 리그 (LETHAL LEAGUE)

`PC` `PS` `Xbox`　　　　　　　　　　　　　발매연도: 2014　개발: Team Reptile

사방이 벽으로 둘러싸인 필드에서 공을 주고받는 스쿼시 느낌의 대전 격투 게임. '상대가 친 공에 맞으면 아웃'이라는 간단한 규칙 덕분에 가볍게 즐기기 좋다. 타구 속도는 되받아칠 때마다 점점 빨라지는데, 랠리가 이어지면 눈으로 좇기 힘들어질 정도도. 벽에 닿은 공은 그대로 튕겨 나오므로 아무리 빠른 공이라도 언젠가는 되받아쳐야 한다. 바로 이 점이 게임의 긴장감을 높인다. 자신이 친 공을 다시 쳐서 속도를 높일 수도 있지만, 위기를 벗어나면 단숨에 기회가 찾아오는 것도 이 작품의 매력 포인트다. 후속작 「리썰 리그 블레이즈」는 스위치에서도 플레이할 수 있다. (치바)

---

085 DIVEKICK

`PC`　　　　　　　　　　　　　　　　　발매연도: 2013　개발: Iron Galaxy

공중에서 다이브 버튼과 킥 버튼을 누르면 나오는 바로 그 기술이다. 오랫동안 대전 격투 게이머를 괴롭힌 '점프 중 급강하하는 킥'만으로 싸우는 조크 게임… 점프 버튼으로 뛰어오른 다음 공중에서 킥 버튼을 누르면 대각선으로 날아가며 발차기를 먹인다. 대미지는 1억, 가드는 불가능. 한 방만 맞아도 KO 되는 최강의 기술이다. 그러니 점프로 상대방의 킥을 피하고 반격을 날리자. 유례를 찾기 힘든 시스템이지만, 여기에 화면 가장자리와 게이지 소비 기술, 머리에 탄환을 맞으면 행동불능 상태에 빠진다는 점 등이 더해지자 대전 격투 게임의 공식이 통한다는 사실이 놀랍다. 그러니 화면 가장자리를 주의할 것! (노무라)

086 ONE FINGER DEATH PUNCH 2

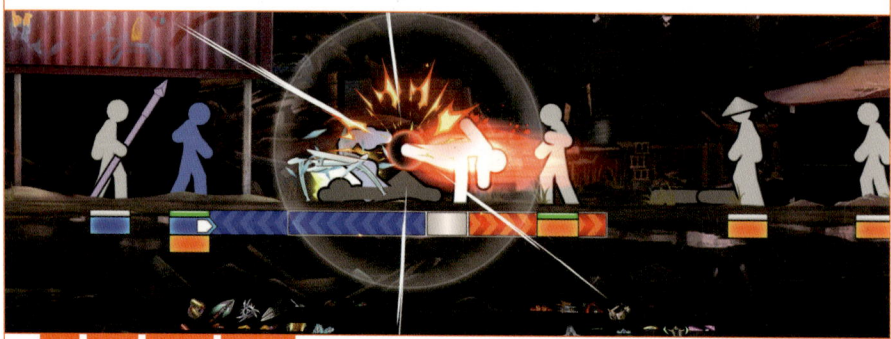

PC | Xbox | Switch | Android 발매연도: 2019 개발: Silver Dollar Games

원 핑거로 데스 펀치. 손가락 하나로 필살 주먹을 내질러라. 게임 세계 최강의 막대 인간이 펼치는, 쿵푸 앤 리듬 액션 게임의 막이 올랐다. 절도 있는 기술은 이소룡, 무기를 다루는 솜씨는 이연걸, 꺾이지 않는 의지는 성룡. 양옆에서 밀려드는 적에 맞춰 왼쪽으로 오른쪽으로 공격 버튼을 눌러라. 공격 연출로 인한 정지 화면은 적의 머릿수를 확인할 시간을 벌어 준다. 서둘러 ⟶, ⟵! 음악 대신 쿵푸에 맞춰 리듬을 새기는 것이다. 모든 기술이 필살기인, 화려한 연출에 취해 보자. 고작 두 개 버튼만으로 스트레스를 확 날릴 수 있다. 끓어오르는 피에 몸을 맡기고 태양처럼 뜨거워져라. 단 버튼을 너무 두드리지는 말 것. (노무라)

087 얼티밋 치킨 홀스 (ULTIMATE CHICKEN HORSE)

PC | Switch | PS | Xbox 발매연도: 2016 개발: Clever Endeavour Games

스테이지 창작과 스테이지 공략을 동시에 즐길 수 있는, 반반 치킨 같은 2D 액션 파티 게임. 라운드 형식으로 진행되며, 각 라운드는 플레이어가 직접 스테이지에 오브젝트를 배치하는 크리에이트 파트와 동시에 출발해 골인 지점으로 향하는 경주 파트로 구성된다. 승부를 가르는 것은 점수다. 기본적으로 목적지에 먼저 도착할수록 높은 점수를 얻지만, 다른 플레이어를 함정에 빠뜨려도 점수를 얻는다. 몇몇 오브젝트는 물리 엔진에 따라 움직이거나 다른 것과 조합했을 때 생각지도 못한 방식으로 움직이는데, 이로 인한 카오스가 파티 분위기를 달군다. 마음만 먹으면 절대 공략할 수 없는 코스도 만들 수 있지만, 어느 정도 봐주면서 즐길 것을 추천. (치바)

088 MOVE OR DIE

PC 발매연도: 2016 개발: Those Awesome Guys

20초 만에 승부가 나는 멀티 플레이(최대 4명) 미니게임을 모은 작품. 온라인과 오프라인 모두 지원한다. 미니게임에서 이기면 승점이 주어지는데, 플레이어 중 누적 승점이 기준을 넘기는 사람이 나올 때까지 미니게임의 종류가 계속 바뀐다. 미니게임은 제각기 방식이 다르지만 '일정 시간 움직이지 않으면 죽는다'라는 규칙만큼은 공통적이다. 제목 그대로 움직이느냐 아니면 죽느냐. 플레이어블 캐릭터의 외관부터 미니게임 그 자체까지 모드를 지원하므로 스팀 창작마당을 통해 내마음대로 편집해 반영구적으로 즐길 수 있다. 여럿이서 짧은 시간 왁자지껄 즐길 만한 게임을 원한다면 실패 확률이 적은 선택지다. (토쿠오카)

---

089 트리키 타워스 (TRICKY TOWERS)

PC PS Xbox Switch 발매연도: 2016 개발: WeirdBeard

떨어지는 블록을 없애는 퍼즐 게임이라고 생각했나? 사실 이 작품은 떨어지는 블록을 쌓아 올리는 액션 게임이다! 하늘에서 떨어지는 블록을 무너지지 않도록 높이 높이 쌓아 올리자. 각 블록은 물리 엔진의 영향을 받으므로 무게중심이 조금만 흐트러져도 와르르 무너지고 만다. 중요한 것은 균형감각. 반 블록씩 움직이는 미세조정과 블록으로 다른 블록을 미는 포스 푸시로 튼튼한 탑을 만들자. 목표 지점까지 남들보다 블록을 빠르게 쌓아 올리는 레이스 시험, 블록을 떨어뜨리지 않고 버티는 서바이벌 시험, 제한된 공간에 최대한 많은 블록을 배치하는 퍼즐 시험 등 세 가지 모드로 친구들과 겨룰 수 있다. 승부를 뒤집는 마법이 게임을 후끈 달아오르게 한다! (요나시)

090 PARTICLE MACE

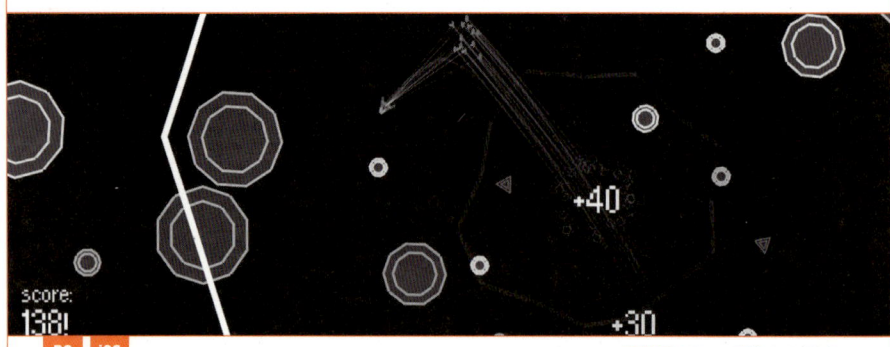

발매연도: 2015 개발: Andy Wallace

탑다운뷰 전방향 슈팅 게임의 고전 「아스테로이드」에서 슈팅 게임의 요소를 모조리 걷어낸 변종. 탄환을 쏠 수 없는 대신 플레이어 전투기 주변을 공전하는 새틀라이트(통칭 '메이스')로 적이나 암석을 때려서 점수를 얻는다. 메이스는 원심력을 이용해 움직이므로 플레이어 전투기 주위를 끊임없이 빙빙 돌아야 한다. 이 원심력을 제대로 구사하는 것이 어려우면서도 도전 정신을 자극한다. 처음에는 메이스를 적에게 갖다 대기도 힘들지만, 돌리는 요령만 익히면 잇따른 격추와 쭉쭉 올라가는 점수에 심취하게 될 것이다. 영어만 지원하나 몇 줄 남짓한 미션 설명만 이해할 수 있으면 된다. 4명까지 동시에 플레이할 수 있다. (h)

091 EVERY EXTEND

발매연도: 2004 개발: Omega

전방향 슈팅 게임의 획기적인 변종, 혹은 이형 진화한 연쇄 폭발 게임의 고전 「미사일 커맨드」. 플레이어는 탄환을 쏠 수 없으며 공격 수단은 오직 자폭뿐이다. 적 전투기를 제대로 끌어들이면 적에서 또 다른 적으로 연쇄 폭발이 일어나는데, 폭발 횟수가 많을수록 더 큰 점수를 얻는다(목숨도 늘어난다). 참신한 아이디어를 단순하면서 시원스럽게 풀어낸 프리웨어 게임. 한 판당 2분밖에 걸리지 않지만, 고득점을 노리기 시작하면 복잡한 전술이 필요해서 의외로 금방 질리지 않는다(점수 이외에 다른 목표가 없어서 살짝 허전하지만). 훗날 Q 엔터테인먼트에서 가정용 콘솔 게임기로 플레이할 수 있는 어레인지판을 발매했지만, 규칙이 너무 복잡해진 탓에 아예 다른 게임이 되었다. (h)

092 더블 스포일러~동방문화첩 (ダブルスポイラー～東方文花帖)

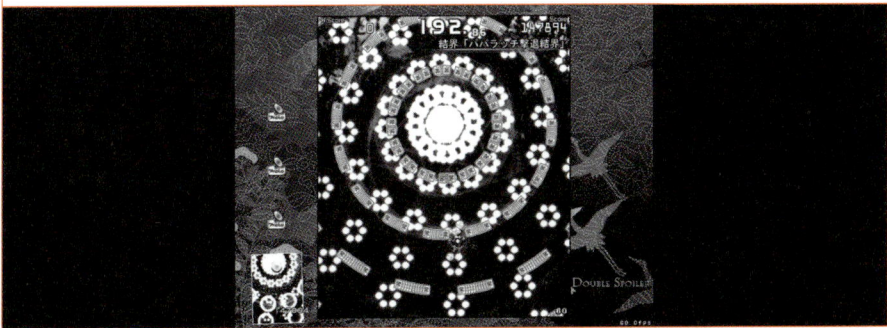

PC 발매연도: 2010 개발: 상하이 앨리스 환악단

모르는 사람이 없는 동인 슈팅 게임의 강자 『동방 프로젝트』의 외전(본편은 68p를 참고). 시리즈 통틀어 유일하게 슈팅 대신 탄막을 피해 적의 사진을 찍는다는 독특한 게임 시스템을 채택했다. 공격 수단은 아무것도 없다. 난도가 높아서 탄막 덕후 외에는 썩 추천하고 싶지 않지만, 아이디어는 두말할 것 없이 훌륭하므로 한 번쯤 플레이해볼 만하다. 한 판당 몇 분밖에 걸리지 않고, 언제든 원하는 스테이지를 골라서 플레이할 수 있어 탄막 피하기 훈련용으로 안성맞춤이다. 사실 이 게임은 '문화첩' 시리즈 중 두 번째 작품이다. 현재 스팀 등지에서 구할 수 있는 작품은 「더블 스포일러」뿐이라 별문제 없지만, 첫 번째 작품은 한층 더 어려우니 실수로라도 먼저 플레이하지 않도록 주의하자. (h)

093 BATTLE CHEF BRIGADE

PC **Switch** **PS** 발매연도: 2017 개발: Trinket Studios

먼 옛날 갑자기 나타난 몬스터가 밭을 망치고 가축을 잡아먹은 탓에 사람들은 오래도록 굶주림에 시달렸다. 하지만 일류 취사병이 '배틀 셰프 부대'를 결성하고 무찌른 몬스터를 식자재로 활용하는 방법을 연구하면서 많은 사람을 구해냈다. 배틀 셰프 부대는 지금도 세계와 식탁을 지키고 있다. 주인공인 미나는 배틀 셰프 부대에 입대하는 것을 꿈꾸며 부대원 선발 대회에 출전한다. 대회에서는 요리 배틀로 실력을 가른다. 제한 시간 내로 주제에 맞게 몬스터를 사냥해 식자재를 모으고 다른 출전자보다 근사한 요리를 만들자. 사냥 파트는 2D 액션, 요리 파트는 매치-3 퍼즐이다. 색다른 조합이지만 하나의 게임 안에 위화감 없이 녹아들었다. (요나시)

094 브레이드 (BRAID)

PC | iOS | Xbox

발매연도: 2008 개발: Number None

'시간 조작'을 주제로 하며 퍼즐 요소가 강한 액션 게임. 내용 자체는 간단하다. 이동과 점프를 이용해 골인 지점으로 향하면 된다. 하지만 중간중간 자물쇠로 잠긴 문이 있어서 스테이지를 공략하려면 열쇠를 어떻게 손에 넣을지, 어떻게 문까지 옮길지 고민해야 한다. 퍼즐은 적을 밟아서 높은 곳으로 점프하거나 적에게 열쇠를 옮기게 하는 식으로 풀 수 있는데, 여기에 시간 조작이 더해지면 게임이 한층 복잡해진다. 시간 조작은 단순히 시간을 되돌리는 것으로 끝이 아니다. 스테이지 왼쪽으로 나아가는 동안 시간이 되돌아가거나 특정 영역 안에서 시간의 흐름이 느려지는 등 게이머를 괴롭히는 장치가 가득하다. 시간 조작의 영향을 받지 않는 오브젝트와 자신의 잔상을 이용하는 기믹도 있어서 퍼즐 마니아라면 머리를 싸매면서도 큰 성취감을 느낄 것이다. 단편적이면서 베일에 싸인 스토리는 쉽사리 접근하기 힘들어 보이지만, 막상 플레이해보면 '시간을 되돌린다'라는 효과를 스토리에 잘 녹여낸 장면이 있고 이 장면에 게임 시스템을 교묘하게 이용한 연출은 지금까지 수많은 플레이어를 놀라게 했다. 가정용 콘솔 게임기에서 인디게임의 번성을 몇 년은 앞당겼다는 평가를 받는 작품이자, 개발자인 조나단 블로우의 이름을 세상에 알린 작품이다. 출시된 지 15년이 지난 지금도 그 광채는 빛을 잃지 않았다. HD 리마스터판인 「Braid, Anniversary Edition」도 출시 예정. (치바)

095 더 스와퍼 (THE SWAPPER)

`PC` `PS` `그외` 발매연도: 2013 개발: Facepalm Games

최대 4명까지 '나'를 복사해 시체를 뛰어넘으며 퍼즐을 푼다. 무수한 동일인물 사이에서 '나'를 찾아내는 수단은 의식의 연속성뿐일까. 폐허가 된 정신과학 연구소에 얽힌 이야기를 알아내기 위해 조사원인 주인공은 연구소 깊숙이 발을 디딘다. '스위치를 밟으면 문이 열리는 사이드뷰 액션 퍼즐 게임'만으로는 이 작품을 설명할 수 없다. 플레이어는 자신의 복사본을 멀찌감치 설치하고 자리를 떠나야 한다. 여기에 정신에 관해 고찰하는 스토리가 어우러져 '나'를 되묻는 여정이 시작된다. 손수 만든 모형과 실사를 접목한 비주얼도 독특하다. 실재하는 허구의 이질적인 표상을 통해 플레이어와 주인공의 관계성을 비디오 게임 철학으로 승화시켰다. (노무라)

096 머시룸 11 (MUSHROOM 11)

`PC` `iOS` `Android` 발매연도: 2015 개발: Untame

점균, 그것은 하나의 생물처럼 움직이는 단세포 생물의 집합체. 「머시룸 11」은 보기 드물게 점균이 주인공인 퍼즐 액션 게임이다. 플레이어는 아메바처럼 생긴 집합체를 골인 지점으로 이끌어야 하지만 그들을 직접 조작할 수는 없고 집합체 일부를 자르거나 짓이기는 것만 가능하다. 그렇게 하면 집합체가 다른 부위를 꿈틀꿈틀 증식시키는데 그 과정에서 집합체가 이동한다. 도무지 종잡을 수 없어 조작하는 내내 답답하지만, 슬라임처럼 미끄덩거리는 움직임이 무척이나 색다르다. 독특한 터치로 꼼꼼하게 그린 아포칼립스 세계관도 매력적이다. 한국어를 지원하지 않으나 영어를 몰라도 아무 문제 없다. 초반은 쉽지만 후반부터 확 어려워지니 주의할 것. (h)

2D SHOOTER

그저 눈앞에 있는 것을 쏘아서 없애버린다.
본능에 새겨진 파괴 충동에 솔직한 것이야말로 2D 슈팅 게임의 미덕이다.
70년대부터 이어져 내려오는 이 장르가 지금까지
게이머의 피를 들끓게 만드는 것도 어떻게 보면 당연한 일이다.
'탄막 슈팅 게임'의 존재감이 너무 강하다 보니
초심자는 쉽게 다가가기 힘들지만 알고 보면 썩 그렇지도 않다.
요즘 들어 탄막이 2D 슈팅 게임의 주요 세력이 되기는 했으나,
초심자를 고려한 신작도 많이 나오는 데다가
인디게임 자체가 흥하면서 탄막 이외의 영역도 커지는 추세다.
최근에는 로그라이트 요소를 도입하거나
트윈 스틱 슈터를 선보이는 등 놓칠 수 없는 움직임이 늘고 있다.

097 BLUE REVOLVER

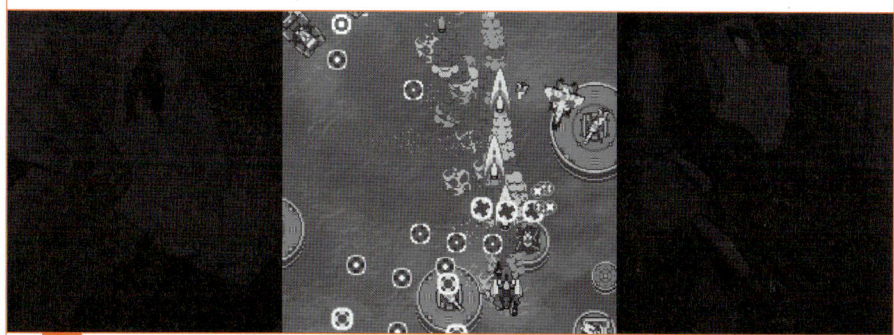

`PC`

발매연도: 2016　개발: Stellar Circle

게임에서 가장 먼저 눈길을 잡아끄는 것은 일러스트레이터 우프(woof)가 작업한 컬러풀하면서도 팝한 픽셀 아트와 귀여운 캐릭터지만, 슈팅 게임 마니아에게는 2010년대를 대표하는 명작 탄막 STG다. 일반 샷, 폭탄, 스페셜 무기를 구사하며 적과 맞서 싸우는 게임 디자인은 정석에 가깝다. 하지만 다른 탄막 슈팅 게임보다 탄막 속도는 조금 더 빠르게, 적 전투기의 방어력은 조금 더 높게 설정해서 자연스럽게 스페셜 무기를 사용하도록 부추기고, 제자리에서 탄환만 난사하는 대신 공격적으로 돌아다닐 것을 요구한다. UI나 스테이지 전환 연출은 우프의 아트워크를 최대한 활용해 통일감을 높였으며, 하드코어 테크노를 기반으로 한 사운드 트랙이 플레이에 불을 붙인다. (이마이)

098 rROOTAGE

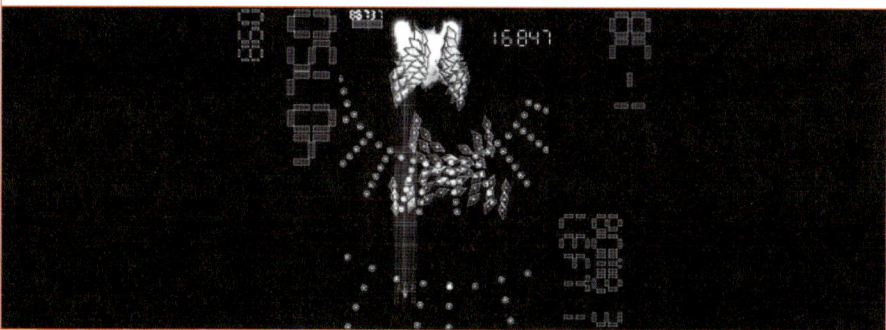

`PC` `iOS` `Switch`

발매연도: 2003　개발: ABA Games(쵸 켄타)

한때 '일본의 인디게임 신을 이끄는 존재'라 불리던 ABA Games는 로그라이크 슈팅 게임이라는 용어가 쓰이기 전부터 스테이지 자동 생성 타입 탄막 슈팅 게임을 만들던 터줏대감이다. 그중에서도 「rRootage」는 특히 인기 있는 작품이다. 추상적인 비주얼과는 달리 내용만큼은 정석 그 자체인 종스크롤 슈팅 게임. 네 가지 모드가 있는데, 각각 다른 유명작과 비슷한 특수 공격을 구사한다. 하지만 매번 감에 의지해야 하므로 플레이 감각도 긴장감도 엄연히 다르다. 자동 생성 타입이지만 레벨 디자인이 매우 교묘해서 탄막 초보부터 고수까지 자신에게 맞는 난도로 즐길 수 있다. 비슷한 작품으로는 마찬가지로 ABA Games에서 만든 「PARSEC47」「Noiz2sa」가 있다. (h)

099 동방홍마향~THE EMBODIMENT OF SCARLET DEVIL.
〔東方紅魔郷~THE EMBODIMENT OF SCARLET DEVIL.〕

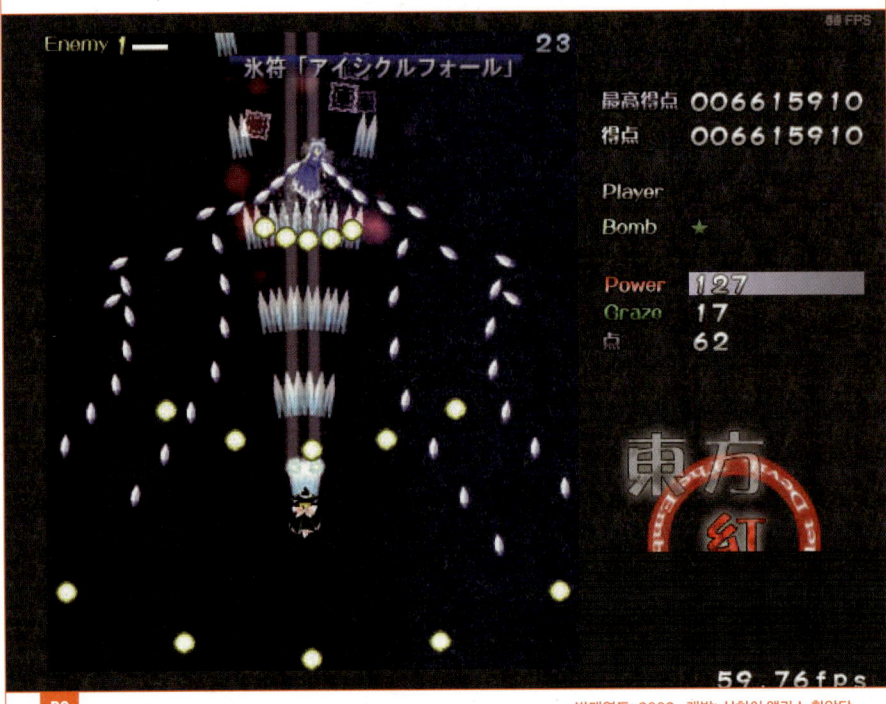

발매연도: 2002 개발: 상하이 앨리스 환악단

이제는 게임 그 이상이 된 동방 프로젝트. 그중에서도 「동방홍마향」은 탄막 슈팅 게임 시스템의 원점이자 정점이다. '구작' 다섯 작품이 먼저 나왔지만 화려한 탄막을 피할 수 있게 하는 작은 피탄 판정, 적 탄막에 스쳐서 점수를 얻는 그레이즈, 개성 넘치는 캐릭터와 폭발 연출 등 이후 시리즈의 포맷은 이 작품에서 모두 갖추어지다시피 했다. 그런데 당시 기준으로도 게임 시스템이 단순하면서 정석 그 자체인 「동방홍마향」은 어떻게 이만큼 커다란 영향력을 발휘하게 되었을까? 비주얼부터 사운드, 레벨 디자인, 캐릭터까지 ZUN의 손길이 닿지 않은 곳이 없어 세계관이 조화롭게 어우러졌기 때문일지도 모른다. 단순한 게임 시스템과 잘 어울리는 스테이지-보스전 구성은 한 편의 게임을 뛰어넘어 ZUN의 음악 작품과 세계관을 효과적으로 보여주는 프레젠테이션으로 기능한다. 오늘날 기준으로 비주얼과 사운드가 다소 촌스럽게 느껴지는 것은 부정할 수 없지만, 전체적인 플레이 감각은 아직도 충분히 매력적이다. 이는 등장 캐릭터들의 인기가 지금까지 여전하다는 사실로도 알 수 있다. 동방 프로젝트 중에서도 난도가 높은 축에 속하지만, 입문용으로 추천하는 작품이다. 클리어하지 못하더라도 동방 프로젝트 세계관의 매력에 빠질 수 있을 테니까. (이마이)

100 HELLSINKER.

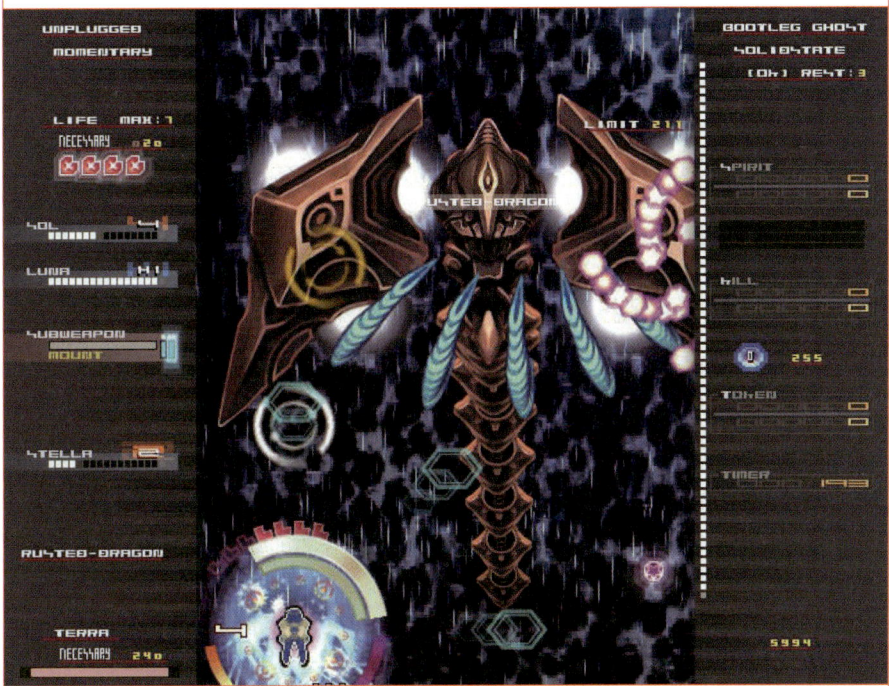

발매연도: 2007 개발: Ruminant's Whimper

동방 프로젝트가 큰 성공을 거두면서 2000년대 동인 게임 신에는 명작 슈팅 게임이 우후죽순 쏟아져나왔다. 그중에서도 2007년 코믹 마켓에서 발표된 이 작품은 후발주자에게 많은 영향을 주었으며 복잡한 게임 시스템, 난해하면서도 중후한 스토리, 독특한 문장 표현, 의표를 찌르는 연출 등으로 인해 지금까지도 컬트 게임으로서 꾸준히 회자되고 있다. 한동안 동인 샵에서 실물 CD로만 구할 수 있었지만, 2019년 오늘날 PC 환경에 맞게 스팀 버전이 발매되었다. 메인 샷, 서브 웨폰, 디스차지(말하자면 폭탄) 세 가지 장비를 기본으로 하고 버튼을 동시에 누르거나, 꾹 눌렀다가 떼거나, 연타하면 상태가 바뀐다는 복잡한 조작법은 트레저의 명작 「레디언트 실버건」을 떠올리게 한다. 게다가 적탄을 없애는 장비나 적탄을 감속시키는 방어 시스템(서프레션 래디어스) 등 다른 게임에서 한 번쯤 본 요소들로 들어찬 이 작품은 슈팅 게임의 전형이나 마찬가지다. 놀라운 사실은 이러한 요소들이 허투루 쓰이는 것 하나 없이 완벽하게 맞물려 플레이어에게 새로운 플레이 스킬과 기막힌 전개를 끊임없이 선사한다는 점이다. 슈팅 게임이라는 장르 자체를 고찰하는 듯한 스토리도 흥미진진해서 개인 개발 게임으로서 최고봉의 자리를 지금까지 유지하고 있다. (이마이)

101 CRIMZON CLOVER

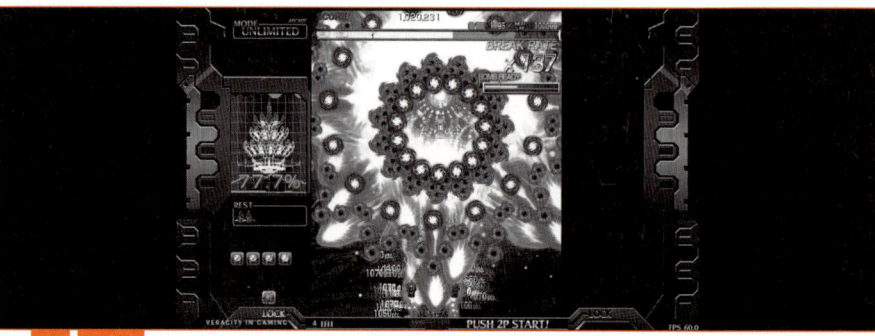

`PC` `Switch`

발매연도: 2010 개발: 요츠바네

2010년 코믹 마켓에서 발표된 이후 인기에 힘입어 아케이드, 스팀, 스위치로 영역을 넓힌 동인 탄막 슈팅 게임. 샷, 락온 레이저, 봄(bomb)처럼 공격 수단은 정석 그 자체이지만 게이지를 활용하는 브레이크 모드와 더블 브레이크 모드에서 나오는 파괴력과 쾌감은 압도적이다. 케이브(CAVE)가 닦아 놓은 탄막 슈팅 게임의 포맷을 따르면서도, 섬세한 조정을 통해 초보부터 고득점을 노리는 슈팅 게임 마니아까지 두루두루 즐길 수 있는 작품을 만들었다. 이 작품을 거의 혼자 힘으로 만든 요츠바네는 동방 프로젝트로 잘 알려진 ZUN과는 또 다른 의미에서 인디게임 신의 거장이다. (이마이)

102 에스카토스 (エスカトス)

`PC` `Xbox` `Switch` `iOS`

발매연도: 2011 개발: Qute

전투기 한 대로 거대한 UFO에서 쏟아져 나오는 침략자들을 무찌르고 달에 있는 적의 본거지를 파괴하라. 롤러코스터를 방불케 하는 스피디한 화면 전개가 매끄럽게 이어지고, 귀에 꽂히는 BGM이 플레이어를 북돋운다. 세 가지 장비 모두 사용 방법이 직관적이고 쉽다. 확산 및 집중 샷과 플레이어 전투기 전면에 펼쳐지는 시간제 실드를 사용하는 방법은 '서서히' 어려워지는 적 편대를 참고하면 된다. 소형기 무리를 떨쳐내고 대형 요새를 공략하고 중형기 콤비와 맞붙어라. 이는 80년대 종스크롤 슈팅 게임의 진화 그 자체다. 30분이라는 짧은 시간에 인류와 탄막의 전쟁사를 응축한, 역사에 남을 입문용 슈팅 게임이다. (노무라)

103 GRAZE COUNTER

PC 발매연도: 2017 개발: 빗쿠리 소프트웨어

초보도 즐길 수 있는 접근성과 점수에 죽고 사는 고수를 위한 전략성을 모두 갖춘 작품. '정통 슈팅 게임을 해 보고 싶은데 탄막류는 선뜻 다가가기 힘들고…' 이런 게이머에게 추천하고 싶은 게임이다. 플레이의 기본은 적이 쏜 탄환에 아슬아슬하게 붙어서 날아가는 '스치기'다. 계속 스치면 강한 레이저를 쏠 수 있게 되므로 금방 대역전에 가까워진다. 의외로 이 레이저를 팍팍 쏠 수 있어서 '스치기'라는 위험한 행위로 인한 스트레스를 역전의 쾌감이 단번에 뒤집어엎는다. 스치기를 포함해 어디서 본 듯한 요소가 많지만(특히 90년대 명작 프리웨어 슈팅 게임 「초연사68k」의 그림자가 진하다) 각 요소를 연결하는 방법이 정교해 오히려 개성적이다. (h)

104 RYM 9000

PC PS 발매연도: 2018 개발: Sonoshee, Rainbite

글리치로 뒤덮인 화면을 보는 순간 '게임을 플레이할 수는 있을까?' 의구심이 든다. 하지만 막상 플레이해보면 의외로 고전적이면서 내실 있는 종스크롤 슈팅 게임이라는 사실에 한 번, 화면 연출이 분위기 조성 그 이상의 역할을 한다는 사실에 또 한 번 놀랄 것이다. 지저분해 보이는 글리치도 사실 게임 메카닉스의 일부. 화면은 탄환을 쏠 때마다 뒤틀리므로 처음에는 상황을 지켜보면서 플레이하기 마련이다. 하지만 이 작품은 '죽으면서 배우는' 패턴 게임이다. 나중에는 화면이 찢어지든 부서지든 무슨 일이 일어나는지 느낌으로 알 수 있다. 슈팅 게임은 직접 부딪히면서 배우는 것. 그 점을 꿰뚫어 보고 게임에 녹여낸 괴작이다. (h)

105 러프트라우저스 (LUFTRAUSERS)

`PC` `Android` `iOS`   발매연도: 2014 개발: Vlambeer

전방향 슈팅 게임이라는 역사 깊은 영역에 슬그머니 새바람을 일으킨 작품. 해당 장르는 위에서 내려다보는 게임이 대부분이지만, 이 작품은 공중전을 측면에서 본다. 조작 시스템이 독특하고 플레이어 기체가 중력의 영향을 받으므로 가속과 선회를 자유자재로 구사하려면 경험을 많이 쌓아야 한다. 하지만 익숙해지는 과정에서 자연스럽게 미션이 달성되므로 어려운 게임에 억지로 끌려가는 느낌이 들지 않는다. 게임에 몰두하는 사이 좋은 장비가 하나둘 해금되고, 기체 튜닝과 스코어링에도 가속이 붙는다. 이처럼 레트로한 세피아 톤 그래픽과 달리 게임성은 오늘날에도 충분히 먹힐 만큼 매력적이다. 한국어를 지원하지 않지만 영어로 된 짧막한 해설만 읽을 줄 알면 별문제 없다. (h)

106 JET LANCER

`PC` `Xbox`   발매연도: 2020 개발: Code Wakers

레트로한 느낌이 16비트 시대의 아케이드와 메가드라이브를 떠올리게 하지만, 게임 내용은 당시에 머무르지 않는다. 등골이 찌릿해질 만큼 속도감을 중시하며, 가속과 감속을 오가며 적의 배후를 공격하고, 닿을 듯 말 듯 빠르게 스쳐 지나가는 전투기에 탄환을 꽂는 등 그야말로 '하늘을 나는 창기병'이 된 기분으로 도그파이트를 즐길 수 있다. 조작에 익숙해지기까지 시간이 오래 걸린다고 말할 수 있지만, 점수에 집착하지 않는 한 적당히 플레이해도 쭉쭉 나아갈 수 있어서 의외로 시간 가는 줄 모르고 빠져들기 좋다. 스토리를 어느 정도 진행하면 아예 다른 게임을 하는 듯한 아케이드 모드가 해금된다. (h)

107 컵헤드 (CUPHEAD)

`PC` `PS` `Xbox` `Switch`   발매연도: 2017   개발: Studio MDHR, Studio MDHR Entertainment Inc.

사건은 2013년 공개된 트레일러 영상에서 시작되었다. 1930년대 애니메이션의 미공개 필름이 발견되었다고 해도 믿을 만한, 카툰 애니메이션을 휘젓고 다니는 듯한 액션 게임이 발표된 것이다. 이후 E3 2015에서 마이크로소프트가 킬러 타이틀로 꼽으면서 전 세계 게이머의 기대를 한몸에 받았다. 완벽주의를 추구하느라 발매가 몇 번이나 연기된 「컵헤드」는 2010년대 게임사에서 빼놓을 수 없는 작품이다. 무엇보다도 시각적인 즐거움이 크다. 디지털 제작 이전 셀 애니메이션 기법으로 매력적인 아트워크를 구축하고, 필름 열화 이펙트로 빈티지함을 자아낸다. 여기에 재즈풍 BGM을 더해 왕년의 카툰 애니메이션을 완벽히 재현했다. 업적에 가까운 비주얼과 어깨를 나란히 하는 것이 플레이어를 좌절케 하는 난도다. 하드코어 액션의 대명사 런앤드건(『콘트라』를 떠올리면 된다) 스테이지와 보스 스테이지로 구성되는데, 그중에도 보스 스테이지에 특화되었다. 한 번에 깰 수 없는 스테이지가 줄줄이 이어지지만, 카툰 특유의 유머러스한 움직임으로 공격을 미리 알려주다 보니 세 번쯤 되면 피할 수 있다. 그러니 좌절하지 말고 도전하자. 마지막까지 포기하지 않는 자가 이긴다. 사기도박을 구사하는 킹 다이스와 악마로부터 영혼을 되찾기 위한 주인공 컵헤드 & 머그맨의 싸움은 멈추지 않는다. 발매 2주 만에 판매량 100만 장을 달성한, 타협 없는 연마는 인디게임 개발의 정신 그 자체다. (노무라)

108 픽셀 갤럭시 (PIXEL GALAXY)

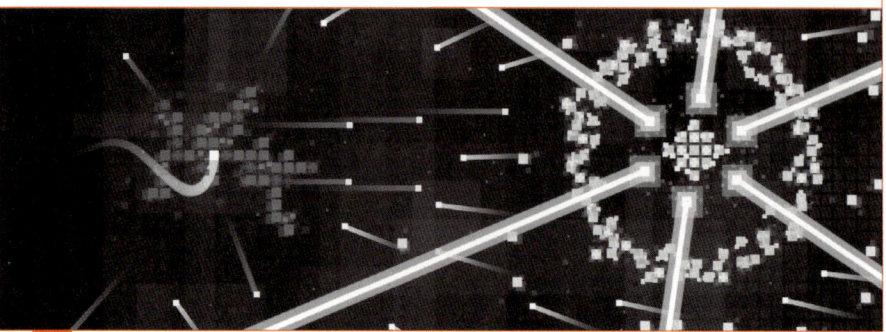

`PC` 발매연도: 2015 개발: Serenity Forge

나의 적은 곧 나의 무기. 화면상의 적 기체를 자신에게 붙여서 무기로 삼는, 듣도 보도 못한 전방향 슈팅 게임. 붙이면 붙일수록 강해지지만 원하는 곳에 붙이기는 쉽지 않다. 아차 하는 순간 괴상하게 생긴 거대 전함이 완성된다. 게다가 동체가 커질수록 적탄을 맞기 쉬워지므로 무기를 붙이고 잃어버리기를 되풀이할 수밖에 없다. 일반적으로 슈팅 게임은 적탄을 맞지 않아야 하지만 이 작품에서는 불가능한 일이다. 그러므로 플레이어는 탄막이 성긴 곳으로 뛰어들어 피해를 최소한으로 줄여야 한다. 그런 의미에서 슈팅 게임의 문법에 익숙한 사람일수록 어렵게 느낄지도(어느 쪽이든 쉽지 않겠지만). 죽일까 붙일까. 기존의 슈팅 게임과는 조금 다른 판단력이 필요하다. (h)

---

109 INVERSUS DELUXE

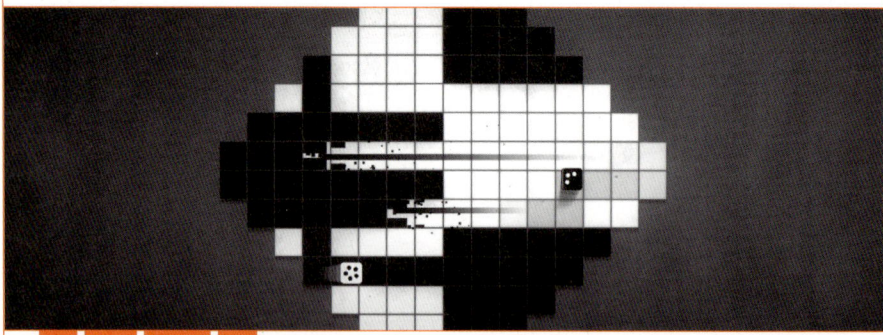

`PC` `Xbox` `Switch` `PS` 발매연도: 2017 개발: Hypersect

흑백으로 이루어진 무대 위에서 지략과 흥정이 뜨거운 드라마를 낳는다. 그것이 바로 대전 슈팅 게임 「INVERSUS Deluxe」다. 규칙은 간단하다. 탄환을 쏘면 탄환이 그리는 궤도 아래에 있는 칸이 플레이어 기체와 반대되는 색으로 바뀐다. 플레이어는 자신의 기체와 반대되는 색 칸으로만 이동할 수 있고, 같은 색 칸은 벽이 된다. 대전 상대는 플레이어와 반대되는 색이므로 상대가 쏜 샷은 맞으면 위험할 뿐만 아니라 행동반경도 좁아진다. 샷을 쏠 수 있는 횟수는 정해져 있어서 아무렇게나 쏘면 금방 궁지에 몰린다. 이 말은 반대로 플레이어가 적을 궁지로 몰아넣을 수도 있다는 의미다. 샷으로 적을 유도한 다음 승리의 일격을 꽂아 넣자. 친구와 함께 즐겨도, 혼자 즐겨도 흥미진진하다. (요나시)

110 러버스 인 어 데인저러스 스페이스타임
(LOVERS IN A DANGEROUS SPACETIME)

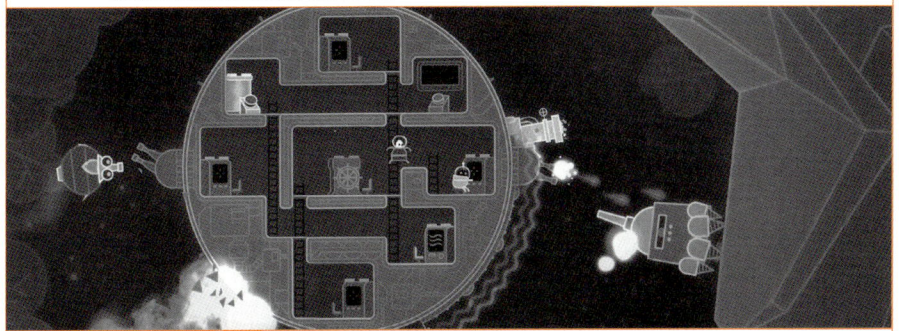

`PC` `Xbox` `Switch` `PS`　　　발매연도: 2015　개발: Asteroid Base

위험한 우주를 모험하며 스페이스 버니를 구하자. 이때 필요한 것은 바로 협력이다. 명작 협력 슈팅 게임인 이 작품의 특징은 '분업'이다. 우주선에는 적을 쓰러뜨리기 위한 대포, 적의 공격을 막는 방패, 광활한 우주를 헤치고 나아가는 제트 엔진이 있다. 하지만 이러한 장비들은 각각 다른 콘솔에서 조작할 수 있다. "내가 적을 쓰러뜨릴 테니 넌 방패를 조작해 줘!" 이처럼 역할을 나눠서 동시에 조작해야 한다. 우주선의 장비를 100% 활용하기만 하면 어떤 적도 두렵지 않다. 승무원 2~4명이 (싱글 플레이 시 아군 AI인 우주펫이 도와준다) 힘을 합쳐 난국을 돌파하자. (요나시)

111 시스프리 건틀렛 [シスプリガントレット]

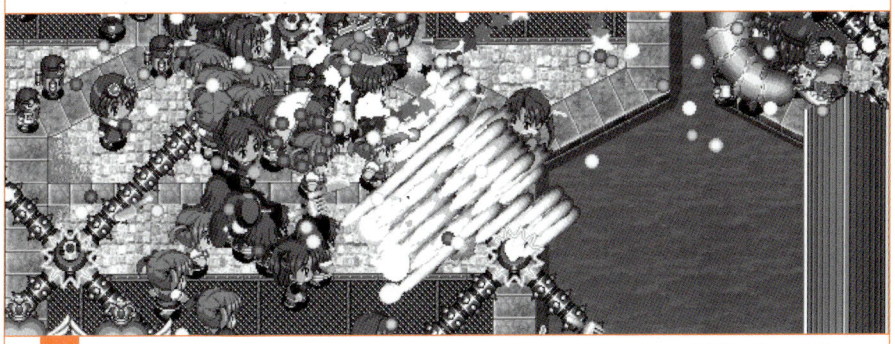

`PC`　　　발매연도: 2003　개발: D5.

탄환으로 이루어진 탄막? 아니, 수많은 적으로 이루어진 '적막'을 쏘고 또 쏘는 전방향 슈팅 게임. 제목에서 알 수 있듯이 80년대 명작 「건틀렛」에서 영감을 받아 한층 발전시킨 작품이다. 스테이지 곳곳에서 어마어마한 기세로 적 캐릭터를 쏟아내는 소굴을 격파하면서 조금씩 골인 지점으로 나아가자. 다채로운 플레이어 기체를 구사하는 전략성과 연쇄 폭발이 주는 짜릿한 손맛에 있어 장르를 통틀어 이 작품을 앞지를 만한 게임은 아직도 나오지 않았다. 게다가 무료로 풀리기까지 했으니 도전하지 않을 이유가 없다. 유명 미소녀 게임 『시스터 프린세스』의 2차 창작이지만 캐릭터만 따왔기 때문에 내용상 접점은 거의 없다. 원작을 모르더라도 얼마든지 플레이할 수 있다. (h)

112 아이작의 번제: 리버스 (THE BINDING OF ISAAC: REBIRTH)

`PC` `PS` `Switch` `그 외` `iOS` 　　　　발매연도: 2014　개발: Nicalis, Inc.

신에게서 아들을 학대하라는 계시를 받은 어머니. 그날부로 아이작의 삶은 아득한 구렁텅이로 빠졌다. 학대는 멈출 줄 모르고 신은 아이작을 죽이라는 계시를 내리기에 이른다. 아이작은 온 힘을 다해 지하실로 도망치지만 그곳은 괴물들이 득시글거리는 미궁이었다. 이 작품은 매번 구조가 바뀌는 지하 미궁을 탈출하는 탑다운뷰 슈팅 게임이다. 「아이작의 번제: 리버스」는 전작에서 여러 요소를 추가한 리메이크판이다. 미궁은 괴물로 들어찬 위험한 곳. 클리어 과정에서 얻는 아이템을 모으고 효과를 조합해 아이작을 괴물 이상 가는 존재로 키우자. 로그라이트 붐을 일으킨 게임이자, 십여 년 전에 나왔으나 지금까지도 DLC가 정기적으로 출시될 만큼 사랑받는 작품이다. (요나시)

---

113 뉴클리어 쓰론 (NUCLEAR THRONE)

`PC` `PS` `Switch` `Xbox` 　　　　발매연도: 2015　개발: Vlambeer

캐주얼하면서 레트로한 스테이지 자동 생성 타입 전방향 슈팅 게임. 비슷한 게임은 많지만 단순명쾌함에서 이 작품을 따를 자는 없다. 개발 과정에서 속도감을 중시한 덕분에 익숙해지면 탄막을 유유히 빠져나가면서 포탄을 펑펑 쏠 수 있다. 스테이지도 길어 봐야 10분이면 깰 만큼 아담해서 스피디한 전개를 자랑한다. 처음에는 플레이 감각이 약간 조잡하게 느껴질지도 모르지만, 의외로 난도 조정이 적절하고 스테이지를 깰 때마다 얻을 수 있는 특수능력을 어떻게 구사할지 고민해야 하는 등 전략성도 갖췄다. 한국어 번역은 없지만 특수능력에 관해 설명하는 몇 줄짜리 문장만 영어로 이해할 수 있으면 된다. (h)

114 엔터 더 건전 (ENTER THE GUNGEON)

PC Switch PS Xbox

발매연도: 2016 개발: Dodge Roll

총탄이 지배하는 자동 생성 타입 미궁 '건전'을 빠져나가는 탑다운뷰 전방향 슈팅 게임. 앞서 이야기한 「뉴클리어 쓰론」과 비슷하지만 「뉴클리어 쓰론」이 사격을 중심으로 하는 '공격형' 게임이라면 「엔터 더 건전」은 쏟아지는 탄막을 피하는 '회피형' 게임이다. 주인공은 화력이 약해 적에게 밀리기 일쑤다. 따라서 선수를 치거나 안전한 장소를 확보하면서 열세를 만회하는 실내형 총격전이 주를 이룬다. 슈팅 게임과 탐색 요소가 균형을 이루는 작품이지만, 슈팅 게임에 어지간히 자신 있는 사람이 아니라면 조준을 도와주는 옵션 '컨트롤러 오토 에임'을 켜 두자. 이 옵션이 있느냐 없느냐에 따라 난도는 물론 게임성도 확 바뀐다. (h)

115 루이너 (RUINER)

PC Switch PS Xbox

발매연도: 2017 개발: Reikon Games

애니메이션 느낌의 캐릭터 그래픽으로 그려낸 일본적인 요소는 어딘가 이상하고, 네온사인과 폭력이 휘몰아치는 사이버펑크풍 도시에는 히라사와 스스무의 음악이 흐른다. 알고 보면 개발자가 자신의 취향을 있는 대로 갖다 부은 작품. 기존의 트윈 스틱 슈팅 게임을 초고속화하는 한편 슬로 모션과 행동 프리셋이라는 강력한 무기를 쥐어 줌으로써 어디에도 없던 공격적이고 통쾌한 플레이를 실현했다. UI, 타이포그래피를 비롯한 디자인 요소는 현란하면서도 스타일리시하다. 한편 스킬 빌드업을 통해 다양한 게임 플레이를 즐길 수도 있다. 철학적인 스토리는 배제하고 철저히 사이버펑크 장르의 표층적인 쾌락을 추구한 작품이다. (이마이)

인디게임 입문
당신은 스마트폰파? 콘솔파? 아니면 PC파?

글 : hally

인디게임을 즐길 때 '무엇을 할까'만큼 중요한 것이 '어떤 플랫폼에서 할까'다. 이 책을 통해 인디게임에 관심이 생겼다면 자신에게 맞는 플레이 환경부터 생각해보기를 바란다. 가령 신용카드를 쓸 수 없거나 쓰고 싶지 않은 상황에서 가장 접근하기 쉬운 플랫폼은 스마트폰과 가정용 콘솔 게임기일 것이다. (일부 PC 게임은 스팀처럼 충전식 결제 수단을 지원하지만, 이용 가능 여부는 언제든 바뀔 수 있다) 다만 스마트폰으로 할 수 있는 게임은 이 책 기준으로 4분의 1 정도이고 비교적 캐주얼한 게임이 많다. 가정용 콘솔 게임기로 할 수 있는 게임도 이 책의 절반에 지나지 않지만 대신 실패할 확률이 낮다는 장점이 있다. 인디게임이 콘솔 게임기로 이식되는 경우는 대체로 PC판이 호평을 얻었거나 실적 있는 개발자가 만들었을 경우이다. 이러한 게임은 사후 관리가 활발하며, 콘솔판만 한국어를 지원하는 사례도 드물지 않다. 이러한 가정용 콘솔 게임기의 대척점에 있는 것이 PC다. PC로 인디게임을 플레이하는 데 있어 가장 큰 장점은 높은 자유도다. 유·무료를 합쳐 무엇부터 해야 좋을지 헤맬 만큼 수많은 게임이 있는 데다가 개발 과정을 지켜볼 수 있는 앞서 해보기(얼리 액세스), 게임을 개조해서 즐기는 모드 문화 등 폭넓은 플레이 방법을 자랑한다. (물론 이에 뒤따르는 함정은 자신이 책임져야 하지만) PC를 이용할 경우, 게임을 구하는 루트는 주로 아래와 같은 서비스를 이용한다.

Steam
https://store.steampowered.com/

PC 게이머치고 이 사이트에 가입하지 않은 사람은 없다. 『하프라이프』로 이름을 알린 밸브(Valve)가 20년 넘게 운영 중이다. 세계 최대 규모의 PC 게임 DL 버전 판매 플랫폼. 등록된 작품만 5만여 개에 이른다. 인디게임이 아니더라도 알 만한 회사에서 개발한 PC 게임 대부분 스팀에서 구할 수 있다고 보면 된다. 기능과 커뮤니티도 잘 갖추어져 있어서 질적인 면에서나 양적인 면에서나 압도적인 존재감을 자랑한다. 일 년에 몇 번 대규모 할인 행사를 진행하는 것으로도 유명해 80~90%라는 놀라운 할인율을 어렵지 않게 볼 수 있다.

EPIC GAME STORE
https://www.epicgames.com/

『언리얼』과 『포트나이트』 등으로 잘 알려진 에픽게임즈(Epic Games)가 2018년 설립한 DL 버전 판매 사이트. 매주 게임 하나를 무료로 제공하는 서비스와 화제작 독점 판매(대부분 기간 한정)를 무기로 세력을 늘렸다. 후발주자이기는 하나 그 성장세는 스팀의 아성을 위협할 정도. 인디게임 라인업이나 인터페이스의 기능은 스팀보다 다소 뒤떨어지지만, 무료 게임은 포기하기 힘들다. 연말 기간에는 매일 게임을 무료로 배포하기도 하므로 놓치지 마시길.

Xbox Game Pass   https://www.xbox.com/ko-KR/xbox-game-pass

마이크로소프트에서 운영하는 게임 구독 서비스(월 8,500~13,500원). 2017년부터 서비스를 시작해 등록된 게임은 아직 수백 개에 지나지 않지만, 인디게임 라인업도 점점 충실해지고 있다. 첫 달은 1,000원이라는 저렴한 가격으로 이용할 수 있으니 관심 가는 게임이 있다면 이 기회를 빌려 가볍게 해 봐도 좋을 것이다.

GOG.COM 한국어 미지원   https://www.xbox.com/ko-KR/xbox-game-pass

『더 위쳐』 시리즈로 유명한 씨디 프로젝트 레드(CD PROJEKT RED)가 2008년에 설립했다. GOG는 'Good Old Games'의 준말. 원래는 고전 PC 게임 복각 판매를 중심으로 했지만, 이후 신작 소프트웨어로 영역을 넓히면서 지금은 DL 버전 판매 서비스의 거물 중 하나로 떠올랐다. 경쟁 서비스와 가장 큰 차이는 'DRM 프리'를 철저히 지킨다는 점이다. 따라서 같은 작품을 다른 플랫폼에서 살 때보다 기기 간 이동성이 높다. 게이밍 플랫폼 'GOG 갤럭시'도 자랑거리 중 하나다. 스팀이나 에픽 게임 스토어 등 다른 사이트에서 구매한 소프트웨어까지 한곳에서 관리할 수 있으며 한국어 메뉴를 지원한다. 이것만으로도 가입할 가치가 있을 정도.

itch.io 한국어 미지원   https://itch.io

스팀에 게임을 등록하는 과정은 매우 번거롭고 시간도 오래 걸린다. '인디게임이니만큼 기동력으로 승부를 내고 싶다' '번뜩이는 아이디어를 당장 게임화하고 싶다' 이러한 개발자들에게 스팀은 어딘지 모르게 아쉬운 곳이다. 이럴 때 추천할 만한 사이트가 잇치 닷 아이오(itch.io)다. 단순한 데모부터 유명한 인디 작품까지, 수많은 게임이 옥석 간 구분 없이 널브러져 있다. 그 수는 무려 30만 개 이상. 어쩌면 이러한 난잡스러움이야말로 인디게임의 정체성이 아닐까. 가격은 '네임 유어 프라이스(최소금액만 넘기면 얼마든 오케이)' 방식으로 책정되는데 대부분 20달러 미만이고 잘 찾아보면 무료 게임도 많다. 2020년에는 자선 행사의 일환으로 5달러(혹은 그 이상)에 1,700개 타이틀을 세트로 제공하는 이벤트를 진행해 화제가 되었다. 비슷한 사이트 중에서는 gamejolt.com, Indie DB도 유명하다.

Freem! 한국어 미지원   https://www.freem.ne.jp

일본의 프리웨어 게임을 총망라한 사이트. 2000년 무렵부터 운영 중이며 약 25,000개 타이틀이 등록되어 있다. 스팀에 없는 일본 게임은 여기서 찾아보면 된다. 소위 '쯔꾸르계' 명작은 대부분 이곳에 등록되어 있어 해외 인디게임과는 사뭇 다른 느낌의 아이디어와 작법을 즐길 수 있다.

ADVENTURE

어드벤처는 게임 장르 중 하나이면서 스토리텔링에 중심을 두고
설계할 수 있다는 점에서 영화나 문학의 인접 장르로도 볼 수 있다.
하지만 '게임이기에 가능한'이라는 표현을 쓸 수 있을 만한
깊이를 얻기까지는 오랜 시간이 필요했다.
영화나 문학을 모방하는 대신 인터랙티브 미디어이기에
가능한 이야기 표현을 포착해야 했기 때문이다.
오늘날에는 다양한 작품이 이러한 난제를 저마다의 방법으로 해결하고 있는데,
그중에서도 비교적 '대중성'에 연연하지 않는 인디게임의 공이 크다.
때로는 마음속 어둠을 날카롭게 파헤치고, 때로는 사회 문제를 깊숙이 파고든다.
인디 작품은 게임이 타인의 삶을 자기 일처럼 생생히 체험하는 장치가 될 수 있다는 사실을 보여줬다.

116 HER STORY

PC | **iOS** | **Android**

발매연도: 2015 개발: Sam Barlow

시나리오 라이터이자 「사일런트 힐: 오리진」 게임 디자인에 참여한 샘 바로우는 「아일(Aisle)」을 통해 스토리텔링 기법을 인정받았다. 샘 바로우가 개인 명의로 선보인 이 작품은 '풀 모션 비디오'라고 불리는 실사를 이용한 어드벤처 게임이다. 플레이어는 경찰청 데이터베이스에 접속해 어떠한 살인 사건의 취조 영상을 본다. 가상의 OS에 키워드를 입력한 다음 용의자의 진술과 일치하는 비디오만 볼 수 있으므로 추리력을 발휘해야 한다. 스토리가 진행될수록 플레이어는 용의자와 '여자친구'를 둘러싼 이야기를 밝혀나간다. 미니멀하지만 비디오 게임으로 표현 가능한 이야기의 한계를 크게 넓힌 걸작이다. (이마이)

117 THE PAINSCREEK KILLINGS

PC

발매연도: 2017 개발: EQ Studios

이래도 되나 싶을 만큼 본격적인 추리 게임. 주인공은 미제 살인 사건을 조사하기 위해 마을을 찾아온 저널리스트다. 게임에는 힌트, 퀘스트 표시도 없다. 플레이어는 마을을 걸어 다니면서 증거를 발견하고 조합해 사건의 자초지종을 추리한다. 행동형 탐정 시뮬레이터라고도 볼 수 있다. 무기라고는 현장을 샅샅이 뒤지는 끈기와 그곳에서 찾은 증거를 엮어 나가는 두뇌뿐. 게임이라고 해서 만만하게 보면 코코다칠 것이다. 개발진은 이 작품과 마찬가지로 사건 현장에서 증거를 찾아 추리하는 「Scene Investigators」를 개발 중이다. 이 작품의 정수를 응축한 「Scene Investigators」도 추리 게임 마니아라면 놓칠 수 없는 게임이 될 것이다. (후루시마)

118 SEPTEMBER 1999

PC   발매연도: 2018 개발: 98DEMAKE

오래된 비디오로 찍은 듯 향수를 자극하는 영상 표현이 유행하고 있다. 이 작품을 만든 98DEMAKE도 최신 게임을 레트로한 그래픽으로 재현하는 '디메이크'로 단숨에 유명해졌다. 게임의 무대는 한 아파트의 방과 복도. 끝에서 끝까지 걸어서 1분도 걸리지 않는다. 5분 만에 클리어할 만큼 짧은 작품이지만 등골이 오싹해지는 공포 체험과 곰곰이 생각해 볼 만한 수수께끼를 준다. 그래픽은 사실적이면서도 오래된 비디오테이프처럼 노이즈로 가득하다. 플레이어는 방안을 마음대로 돌아다닐 수 있지만, 그 자체가 녹화된 과거의 일이라는 암시도 깔려 있다. 이 시대를 살아온 세대라면 확실히 노스탤지어를 느낄 만한 영상 표현을 한 번쯤 체험해보기를 바란다. (후루시마)

119 BOHEMIAN KILLING

PC   발매연도: 2016 개발: The Moonwalls

당신은 살인범으로서 법정에 서 있다. 증거는 모두 갖추어졌으며 사형은 불 보듯 뻔하다. 사실 게임 도입부에서 당신은 자신의 손으로 한 여자를 죽였다. 살아남으려면 거짓말로 진실을 내쳐야 한다. 주인공은 회상 속에서 자신의 증언을 연기한다. 정당방위를 증명하기 위해 여자를 화나게 하고, 제삼자의 범행을 주장하기 위해 자신이 갖고 있던 흉기를 남에게 도둑맞은 것처럼 꾸민다. 이렇게 하면 유리한 증거를 손에 넣을 수 있다. 행동이 곧 증거가 되지만, 언제 누구를 만났다느니 하는 객관적인 사실까지 날조하면 판사의 의심을 받으니 조심하자. 엉성한 부분은 많지만 실험적인 시도가 흥미롭다. 독특한 게임을 해 보고 싶다면 놓칠 수 없는 작품이다. (후루시마)

120 DR.LANGESKOV, THE TIGER, AND THE TERRIBLY CURSED EMERALD: A WHIRLWIND HEIST

PC

발매연도: 2015 개발: Crows Crows Crows

이 작품은 도둑이 수많은 함정과 무시무시한 호랑이를 헤치고 나아가 미술품을 훔치는 블록버스터 게임… 이 될 예정이었다. 하지만 커다란 프로젝트에 시달리다 보면 제작진도 지치기 마련. 연이은 야근과 임금 체불은 파업이라는 형태로 분출된다. 무서운 결말을 예감하게 하는 천둥소리, 저택이 떠오르는 연출, 버튼을 누르면 자동으로 움직이는 엘리베이터, 적이 될 예정이었던 호랑이. 이들은 무대 뒤에서 바쁘게 뛰어다니는 사람들 덕분에 움직일 수 있었다. 단지 게임을 하려던 것뿐인데 플레이어는 생각지도 못한 모험을 강요당한다. 15분이면 끝나는 접근성 좋은 프리웨어 게임이다. (후루시마)

121 OUTER WILDS

PC PS Xbox Switch(※예정)

발매연도: 2019 개발: Mobius Digital

항성계를 탐험하는 오픈 월드 어드벤처 게임. 플레이어는 새내기 우주비행사가 되어 잃어버린 고대 문명의 흔적을 더듬어 나가며 세계를 둘러싼 수수께끼를 밝힌다. 워킹 시뮬레이터 성격이 강하고 세계관을 보여주는 방법과 이야기의 완성도가 탁월하지만, 조작 시스템이 불친절해 초반에는 이 착륙조차 쉽지 않고 픽픽 죽기 일쑤다. 하지만 좌절하지는 말자. 끊임없이 죽는 것도 게임의 일부이기 때문이다(작품의 무대인 항성계는 22분이 지나면 멸망한다). 주인공은 어떠한 이유로 타임 루프에 갇혀 그 시간 안에 얻은 지식만을 이어받는다. 이러한 요소들이 하나의 이야기로 어우러지는 과정은 그저 감탄만 나온다. (h)

122 UMURANGI GENERATION

`PC` `Switch` `Xbox`   발매연도: 2020 개발: ORIGAME DIGITAL

이 작품은 '사진을 찍는 행위'에 초점을 맞춘 게임이다. 파멸이 다가오는 사이버펑키한 세계에서 주인공은 클라이언트가 지정한 조건을 만족하는 사진을 찍어야 한다(스테이지 형식이므로 피사체를 찾는 공간은 어느 정도 제한되어 있다. 그렇다고 해도 쉽지 않겠지만). 플레이어는 필름 카메라를 사용하므로 촬영 가능한 장수가 정해져 있다. 렌즈의 종류, 초점, 구도는 물론이고 현상 시 노출과 색감까지 세세하게 조정할 수 있다. 그렇게 촬영을 거듭하다 보면 '이 세계에서 무슨 일이 일어나고 있는지' 서서히 알게 된다. 파멸로 향하는 운명을 한낱 일반인이 바꿀 수는 없을 테지만…. (토쿠오카)

123 장맛날 [梅雨の日]

`PC`   발매연도: 2020 개발: Inasa Fujio

집안에 틀어박혀 추적추적 내리는 비만 바라보는 무료한 하루를 뚝 떼어낸, 묘한 분위기가 매력적인 작품. 무대가 되는 집은 20세기를 떠올리게 하는 인테리어가 인상적이다. 수수하면서도 구석구석 신경 쓴 실내는 돌아다니기만 해도 흥미롭다. 남의 집을 마음대로 뒤지고 다니는 듯 일종의 죄책감까지 느껴질 정도다. 어려운 퍼즐 없이 진짜로 집안에서 시간을 보내기만 한다. 하지만 아이의 상상력은 지루함을 비료 삼아 가지를 뻗친다. 비가 계속 내리면 정원에 호수가 생기지 않을까. 할머니 방에 있는 일본 인형이 말을 할 줄 안다면. 일상과 공상 속 아름다운 풍경은 플레이어의 마음 깊숙이 밀어 둔 추억 상자를 끄집어낼 것이다. (후루시마)

ADV 저니(JOURNEY)

124 저니 (JOURNEY)

`PC` `PS` `iOS` `그외`   발매연도: 2012 개발: Thatgamecompany, Santa Monica Studio

이 작품은 기본적으로 싱글 플레이 게임이며, 장르 면에서는 3인칭 퍼즐 액션 게임이라고 할 수 있다. 그렇다고는 해도 어려운 퍼즐을 푸느라 머리를 싸맬 필요는 없고 '정해진 장소를 한 번씩 돌아보는' 난도라고 생각하면 된다. 이 작품의 특징은 두 가지다. 첫 번째는 언어를 사용하지 않는 스토리텔링이다. 대신 게임을 진행하다가 발견하는 벽화, 플레이어 앞에 종종 나타나는 생물(?)이나 풍경 그 자체로 이야기를 느낄 수 있다. 또 다른 특징은 온라인 협력 플레이가 가능하다는 점이다. 이때도 언어는 전혀 사용하지 않는다. 맵을 돌아다니다 보면 다른 '여행자'와 마주치기도 하는데 바로 게임을 플레이 중인 실제 유저다. 하지만 서로 누가 누구인지는 알 수 없다. 다른 플레이어를 부르는 수단도 버튼을 눌러 추상적인 소리를 내는 것뿐이다. 캐릭터 주변을 날아다니거나 뛰어다니거나 가로막는 방법도 있기는 하다. 그런데도 낯선 사람과 커뮤니케이션이 성립한다. 서로 도우면서 여행할 수도 있다. 두 시간 남짓한 길이지만 컨트롤, 영상, 음악이 하나 되어 커다란 체험을 제공하는 이 작품은 걸작이라고 불릴 자격이 충분하다. 동적이면서 자연스럽게 변주되는 음악 등 높은 기술 수준으로 게임 개발자들을 놀라게 하기도 했다. (토쿠오카)

125 WIDE OCEAN BIG JACKET

PC 발매연도: 2020 개발: Turnfollow

이 작품은 아이가 어른이 되는 몇 가지 순간 중 하나인 '조그만 모험'을 그린 어드벤처 게임이다. 게임의 무대인 캠핑장에는 어른과 아이, 세대가 다른 커플 두 쌍이 있다. 아이는 어른이 하는 일을 거들면서 비일상 속에서 자신의 미래를 응시한다. 오고 가는 대화, 그중에서도 백미는 밤을 배경으로 한 장면이다. 캠핑하면 빼놓을 수 없는 모닥불 주위에 둘러앉아 이야기를 주고받고, 모닥불을 끈 다음에는 별을 올려다본다. 비일상이 내뿜는 빛은 익숙한 사람들의 평소와 다른 곳을 비춘다. 그때까지 소녀에게 끌려다니는 듯 보이던 소년의 또 다른 일면은 그들의 조그만 결의와 함께 기억에 오래 남는다. 게임이라기에는 약간 평범하고 일상이라기에는 약간 특별한 이야기가 매력적인 작품. (후루시마)

---

126 80 DAYS

PC Android iOS Switch 발매연도: 2014 개발: inkle Ltd

소설 《80일간의 세계일주》가 스팀펑크라면? 여행의 주인공 신사 포그와 집사 파스파르투까지는 같지만, 그들은 여비도 얼마 없으면서 어디로 갈지 정하지 않고 무작정 길을 나선다. 여행 도중 만나는 사람들과 대화를 나누며 새로운 경로를 개척하고, 여행 가방 가득 채워 넣은 신사 도구를 활용해 위기를 넘기고, 무역품을 살 수 있는 마을과 비싸게 팔 수 있는 마을을 파악하고. 이러한 전략을 짜내다 보면 이벤트 신에서 놀랄 만한 스토리가 펼쳐진다. 어떤 루트를 고르든 즐거운 여행이 되리라 장담한다. '만약에'로 시작하는 플레이어의 질문에 끈기 있게 답한다는 점에서 훌륭한 비디오 게임 소설이라 할 수 있다. (노무라)

127 슈퍼브라더스: 소드 앤 소서리 EP (SUPERBROTHERS: SWORD & SWORCERY EP)

`PC` `iOS` `Android` `Switch`   발매연도: 2011 개발: Capybara Games

캐나다의 카피바라 게임즈와 슈퍼브라더스, 실험적인 싱어송라이터 짐 구스리가 만든 포인트 앤 클릭 타입 어드벤처 게임. '걷기'와 '조사하기'라는 최소한의 게임 메카닉스로 이루어진 이 작품은 영상과 사운드를 즐기는 실험적인 게임이다. '성장'이라는 게임의 문법을 거꾸로 이용한 연출은 미니멀하면서도 감정을 자극하는 체험을 선사한다. 레트로 모던하고 아름다운 픽셀 아트, 뮤지션과의 협업으로 탄생한 어쿠스틱한 사운드 트랙 등 당시 기준으로는 보기 드문 시도로 가득한 작품으로, 이후 인디게임에 많은 영향을 미쳤다. (이마이)

128 BURNING DAYLIGHT

`PC`   발매연도: 2019 개발: Burning Daylight Team

게임이라기보다는 단편 인터랙티브 무비에 가까운 작품. 무료라고는 믿기지 않을 만큼 뛰어난 영상미는 한 번쯤 볼 가치가 있다. 덴마크의 애니메이션 교육기관 '더 애니메이션 워크숍(TAW)' 학생들이 힘을 합쳐 만든 작품인데, 다들 게임 제작은 처음이었다는 사실이 놀랍다. 낯선 곳에서 눈을 뜬 주인공은 섬세한 터치로 그려낸 사이버펑크 디스토피아를 돌아다니면서 세계를 둘러싼 진실을 알게 된다. 그 자체가 어떠한 종류의 스토리를 이룬다. 한국어를 지원하지 않지만, 퍼즐 풀이가 거의 없고 말이나 문자로 제공되는 정보도 적으므로 걱정할 필요가 없다. 영상 그 자체가 강렬한 존재감을 발하며 말을 걸어올 것이다. (h)

129 THE PLAN

`PC` 발매연도: 2013 개발: Krillbite Studio

'파리를 조종하는 게임'이라고 하면 어딘지 모르게 께름칙할지 모른다. 게다가 특별한 액션이 있는 것도 아니고 그저 풀과 나무 사이를 날아서 위로 더 위로 나아갈 뿐이다. 장애물도 거의 없다. 「더 플랜」은 프리웨어인 데다가 5분 만에 깰 만큼 짧아서 영상 작품처럼 느껴진다. 그런데도 이 게임에 괜히 마음이 가는 것은 때로는 강풍에 휩쓸리고 때로는 거미줄에 걸리는 파리의 하찮음 때문이리라. 장엄한 음악과 함께 찾아오는 결말에는 말로 표현하기 힘든 슬픔과 여운이 진하게 묻어난다. 게임을 플레이하고 나면 다른 사람에게 말하지 않고는 못 배길 것이다. 맨 마지막에는 플레이어를 살짝 놀라게 하는 요소도 있다. (치바)

130 나이트 인 더 우즈 (NIGHT IN THE WOODS)

`PC` `Switch` `PS` `Xbox` 발매연도: 2017 개발: Infinite Fall

이 작품은 IGF 2018에서 대상을 받은 사이드뷰 어드벤처 게임이다. 미국에 있는 가상의 시골 마을 '포섬 스프링즈'를 무대로, 대학을 자퇴하고 고향에 돌아온 주인공 메이와 친구들이 겪는 이상하고 기분 나쁜 모험을 그린다. 등장인물은 의인화된 동물들이지만 '인간'으로 봐도 아무 문제 없다. 다소 어렵고 액션 요소가 가미된 미니게임과 퀴즈풀이가 있지만, 기본적으로는 '서서히 죽어가는 마을에서 갈 곳 없는 마음을 끌어안은 채 어떻게든 살아가는' 이야기가 펼쳐진다. 이외에도 이 작품에 대해 할 말이 많지만 그러기에는 지면이 턱없이 부족하다. (토쿠오카)

131 TIMEOUT

PC 발매연도: 2020　개발: Christopher Lee

오늘날 게임 제작은 학문의 한 종류가 되었고, 많은 이들이 대학교나 전문학교에서 게임 제작을 배우고 있다. 하지만 학생이라고 얕보지는 마시길. 경험만이 훌륭한 게임을 만드는 것은 아니니까. 이 작품의 무대는 수명이 곧 화폐 단위인 미래 도시. 수명을 벌지 못하면 죽음이 기다리며, 빈민가에는 수명을 다한 시체가 나뒹굴고 부자들은 한도 끝도 없이 수명을 사들인다. 남은 수명은 사람들의 머리 위에 표시되어 빈부격차를 적나라하게 드러낸다. 탐정인 플레이어는 악질적인 '수명 사채업자'를 뒤쫓는 과정에서 도시의 어두운 부분에 발을 들이게 된다. 2D 픽셀 아트처럼 보이지만 사실 3D인 매력적인 도시는 게임을 한층 더 인상적으로 만든다. (후루시마)

132 유메닛키 [ゆめにっき]

PC 발매연도: 2004　개발: 키키야마

2004년 프리웨어 동인 게임으로 첫선을 보였으며 2007년 완성(?)된「유메닛키」는 이후 인디게임에 큰 영향을 준 이색 어드벤처 게임이다. 이 작품은 게임 제작 툴인 'RPG 쯔꾸르'로 만들어졌다. 플레이어는 아파트에 사는 소녀 마도츠키를 조종해 꿈속을 탐험한다. 꿈속에서는 '이펙트'라는 아이템을 모아야 하는데 이외에는 목적이라고 할 만한 것이 없다. 플레이어 앞에는 의미를 알 수 없는 공간과 기묘한 캐릭터들이 차례로 나타난다. 이 작품의 의미와 목적은 지금까지도 의견이 분분하다. 하지만 그 독특한 분위기가 게임 실황 플레이 유행과 맞물려 수많은 사람들의 마음을 잡아끌었다. (이마이)

133 아오오니 (青鬼)

`PC` `Android` `iOS`
발매연도: 2004　개발: noprops

수많은 명작 게임의 산실인 RPG 쯔꾸르. 1996년 게임 콘테스트에서 최우수상을 받은 「콥스파티」이후로는 퍼즐과 어드벤처 장르에도 손을 뻗치기 시작했다. 그중에서도 「아오오니」는 2009년 5월 무렵부터 동영상 사이트에서 인기를 끌기 시작해 2013년에는 총 조회수 5,000만 건을 달성했다. 게임 자체는 저택에서 아이템을 찾아 수수께끼를 푸는 탈출물의 일종이지만, 갑자기 튀어나오는 아오오니에 닿으면 곧바로 게임 오버이므로 요령껏 도망치거나 숨으면서 아이템을 찾아야 한다. 이 작품은 소설, 만화, 영화, 애니메이션 등 다양한 미디어로 전개되었으며 2020년에는 「아오오니X」라는 제목으로 최신작이 발매되었다. (토쿠오카)

134 이브 (IB)

`PC` `Switch`
발매연도: 2012　개발: kouri

「아오오니」가 불러온 프리웨어 호러 게임 실황 플레이 유행 속에서 2012년 등장한 「이브」는 새롭게 왕좌를 차지했다. 미술관을 무대로 하는 이 작품은 무서운 장면이 잇따라 덮쳐올 뿐만 아니라 제대로 된 스토리도 갖추고 있다. 또한 멀티 엔딩 (7종류) 시스템인 데다가 스토리 곳곳에 복선과 암시가 깔려 있어 몇 번씩 플레이하는 열혈 팬이 많다. 「아오오니」와 마찬가지로 전투는 없지만 나름대로 액션 요소가 존재한다. 다만 난도 자체는 낮은 편이라 게임을 하다가 헤맬 일은 거의 없다. 개발자가 2차 창작 가이드라인을 제시해 지금도 많은 작품이 나오고 있다. (토쿠오카)

135 마녀의 집 〔魔女の家〕

PC   발매연도: 2012   개발: Fummy

RPG 쯔꾸르로 제작된 호러 어드벤처 게임. 2023년 4월 기준 일본 프리웨어 게임 사이트 'Freem!'의 누적 다운로드 순위에서 부동의 1위를 지키고 있다. 어드벤처 장르의 대표작 중 하나. 선택지를 잘못 고르면 즉사하는 이벤트가 꽤 많은데, 이 즉사가 워낙 인상 깊다 보니 절대 한 번에 깰 수 없는 게임이라는 평이 많다. 하지만 이 작품은 죽고 또 죽으면서까지 뒷이야기를 보고 싶을 만큼 매력적이고, 오싹한 스토리에는 어마어마한 반전이 숨겨져 있어서 끝까지 손에 땀을 쥐게 한다. 무료 버전은 RPG 쯔꾸르 VX로 제작되었지만 스팀에서 리메이크 버전인 「마녀의 집 MV」를 구할 수 있다. 그래픽 해상도가 개선되고 새로운 콘텐츠가 추가되었다. (토쿠오카)

136 TO THE MOON

PC   **iOS**   **Android**   **Switch**   발매연도: 2011   개발: Freebird Games

픽셀 아트로 JRPG를 만들 수 있는 RPG 쯔꾸르는 90년대 말부터 일본 프리웨어 게임 신에 활발히 보급된 게임 제작 툴이다. 2000년대 들어서는 해외에서도 개인이 RPG 쯔꾸르로 만든 작품이 서서히 게임 신에 스며들기 시작했는데, 이때 나온 걸작 중 하나가 「투 더 문」이다. 전투나 게임다운 요소는 전혀 없는 외골수 어드벤처 게임이지만 도트 캐릭터와 그들이 펼치는 연기, 후기 스퀘어 RPG를 떠올리게 하는 아름다운 배경과 음악이 많은 이들의 마음을 사로잡았다. 죽음을 앞둔 노인의 뇌 속을 탐험한다는 설정은 비디오 게임다운 트릭을 적절히 구사한 덕분에 단순히 감동적인 이야기로 끝나지 않고 픽셀 아트 어드벤처 게임의 이상형을 구축할 수 있었다. (이마이)

137 ONESHOT

`PC` `PS` `Xbox` `Switch`　　　　　　　　　발매연도: 2016　개발: Future Cat LLC

이른바 '메타픽션적 요소'를 활용한 작품. 플레이어는 고양이처럼 생긴 귀여운 캐릭터 '니코'를 도와줘야 한다. 그런데 니코는 모니터 너머에 존재하는 세계를 인지하고 있어서 플레이어를 향해 적극적으로 말을 걸어온다. 따라서 게임을 진행할수록 플레이어와 니코의 관계는 점점 깊어지는 듯 보이는데, 그 과정 자체가 이야기를 푸는 열쇠가 되기도 한다. 기본적으로 아이템을 정해진 장소에서 사용하는 흐름이 반복되며, 게임이 설치된 PC에서 미션을 해결하는 식으로 제4의 벽을 깨기도 한다. 따라서 PC에서만 플레이할 수 있지만(2022년 9월 출시된 콘솔 버전에서 이 문제를 어떻게 해결했는지도 하나의 볼거리다) 이 작품만의 이야기를 즐기려면 감수하는 수밖에. (치바)

138 LONG LIVE THE QUEEN

`PC` `PS` `Xbox` `Switch`　　　　　　　　　발매연도: 2012　개발: Hanako Games

해외 미소녀 게임의 여명기를 불러온 하나코 게임즈의 출세작. 겨우 열네 살인 사랑스러운 공주는 1년 뒤 대관식을 치르면 여왕이 된다. 그때까지 살아남을 수 있다면… 여느 육성 시뮬레이션 게임과 마찬가지로 수업을 듣게 하고 필요한 능력치를 올리자. 실패하면 살해당한다. 게임 곳곳에 사형, 암살, 독살 등 사망 플래그가 도사리고 있다. 이벤트 발동 조건은 고정되어 있으므로 사망 플래그 목록을 짜 두면 공략이 쉬워진다. 그러는 동안 공주가 처한 상황, 더 나아가 왕실의 위기를 한눈에 볼 수 있을 것이다. 대관식 축사 중 "Long Live The Queen"으로 새로운 게임의 막이 오른다. 만약 다른 삶을 고를 수 있었다면 지금보다 더 자유롭게 살 수 있지 않았을까. (노무라)

139 쓰르라미 울 적에 오니카쿠시 편 [ひぐらしのなく頃に 鬼隠し編]

PC 발매연도: 2002 개발: 07th Expansion

2000년 발표된 「월희」는 당시 서브컬처 신에 불어닥친 PC 성인향 미소녀 게임 붐 중에서도 큰 성공을 거둔 동인 게임이자 오늘날 비주얼 노벨 인디게임의 시조다. 뒤이어 2002년 발표된 「쓰르라미 울 적에」는 미소녀 게임이라는 틀을 뛰어넘은 흥행을 기록했다. 선택지가 존재하지 않는 노벨 게임은 오로지 재미있는 스토리만으로 플레이어의 마음을 사로잡아야 하는데, 이 작품은 드라마처럼 연작형식으로 발표함으로써 인터넷에 나도는 플레이어들의 추리를 속편에서 보란 듯이 뒤집으며 대단원의 막을 내릴 수 있었다. 그 결과 이야기 매체가 나아갈 길에 많은 영향을 미쳤다. (이마이)

---

140 NARCISSU 1ST & 2ND

PC 발매연도: 2005, 2007 개발: 스테이지☆나나

한때 미소녀 게임 신을 주름 잡던 '나키게(미연시 중에서도 슬픈 게임을 가리키는 용어)'의 대가가 만든 프리웨어 비주얼 노벨. 미소녀 게임인데 소녀 일러스트가 거의 없다는 점에서 실험적인 작품이다. '한 사람이라도 더 많이 봐 줬으면' 하는 마음에 전체이용가로 공개하자마자 시나리오와 BGM이 호평을 받아 후속작과 콘솔 버전 제작이 결정되었다. 게임은 불치병에 걸린 청춘들의 힘겨운 나날을 그리지만, 다소 건조한 느낌이라 슬픔을 강요하거나 죽음을 직접적으로 묘사하지는 않는다. 드라마성과 암울한 느낌도 최소한으로 줄였다. 그렇기에 오히려 '죽음을 앞둔 사람을 완벽히 이해할 수는 없다'라는 사실이 가슴을 찌른다. 선택지가 없으므로 1, 2탄 합쳐 5~6시간이면 깰 수 있다. (h)

141 FAULT - MILESTONE ONE

`PC` `Switch` `PS` 발매연도: 2013 개발: ALICE IN DISSONANCE

미국에서 나고 자란 Munisix는 『CLANNAD』와 같은 일본 미소녀 게임의 영향을 받아 노벨 게임을 만들기 위해 일본으로 향했다. 이 게임은 그가 일러스트레이터 코나츠 하레와 손을 잡고 '소년 만화에 소년 대신 소녀를 넣은 청년 만화 느낌의 모험담'이라는 콘셉트로 2013년 발표한 『fault』 시리즈의 첫 번째 작품이다. 마법과 같은 기술 마나크래프트가 발전한 왕국 루젠하이드를 무대로, 공주인 셀피네와 크래프트의 힘으로 그녀를 호위하는 리토나의 도피행을 그린다. 설정이 치밀한 판타지 세계를 배경으로 하면서도 뛰어난 연출과 스토리로 오늘날 이 세계의 문제이기도 한 문화 교류와 마찰을 묘사했다. 아직 완결되지 않았으므로 앞으로 펼쳐질 전개도 기대해 볼 만하다. (이마이)

142 네코파라 VOL.1: 솔레이유 개점했습니다!
〔ネコぱら VOL.1 ソレイユ開店しました!〕

`PC` `PS` `Switch` 발매연도: 2014 개발: NEKO WORKs

스팀이 비주얼 노벨 판매를 승인한 뒤로 수많은 히트작이 나왔는데, 그중에서도 『네코파라』 시리즈는 놀랄 만한 성공을 거두었다. 인간형 고양이가 존재하는 세계에서 주인공인 미나즈키 카쇼는 굳은 결심 끝에 양과자점 '솔레이유'를 오픈하고 그곳에서 자신만 졸졸 쫓아다니는 반려 고양이(고양이 귀를 단 소녀)들과 따뜻한 교류를 쌓는다. 이 책이 출간된 시점을 기준으로 번외편을 포함해 6편까지 출시되었다. 본가와 연을 끊고 솔레이유를 오픈했더니 본가에서 키우던 바닐라와 쇼콜라가 들이닥치는 1편부터 플레이하기를 바란다. 귀엽고 일편단심인 고양이들이 당신의 마음을 치유해 줄 것이다. (요나시)

143 ANALOGUE: A HATE STORY

PC　　　　　　　　　발매연도: 2012　개발: Love Conquers All Games

페미니즘을 다룬 SF 미스테리 미소녀 노벨 게임이라고 하면 오늘날에는 마냥 보기 드문 시도는 아니다. 하지만 2012년 영미권에서 이러한 도전은 무척이나 실험적이었고, 상업적인 성공을 거두었다는 사실이 지금도 놀라울 따름이다. 캐나다의 인디게임 개발자 크리스틴 러브는 영미권 비주얼 노벨의 일인자로 손꼽힌다. 페미니즘과 LGBTQ를 적극적으로 다루는 작품 세계로도 유명하다. 버려진 우주선 무궁화호의 과거 로그를 읽으며 남존여비 사회에서 여성의 삶을 추체험하자. 애니메이션 느낌의 미소녀 일러스트에 끌려 플레이했다가는 충격에 빠질 내용이지만, 진지한 주제와 더불어 2D 캐릭터와 코스프레를 향한 애정이 공존한다는 점이 매력 포인트다. (이마이)

144 두근두근 문예부! (DOKI DOKI LITERATURE CLUB!)

PC　　　　　　　　　발매연도: 2017　개발: Team Salvato

「Analogue: A Hate Story」가 영미권 비주얼 노벨 장르를 개척한 작품이라면 「두근두근 문예부!」는 장르가 보급되는 데 결정적인 역할을 한 작품일 것이다. 예쁜 여학생으로 가득한 문예부에서 평범한 일상을 즐기는 도입부는 어디서나 흔히 볼 수 있는 미소녀 게임이다. 하지만 곧 게임은 플레이어의 뒤통수를 때리는 연출과 함께 공포물로 바뀐다. 무료라는 점도 있어 발표하자마자 폭발적인 관심을 모았다. PC 게임다운 장치나 2D 캐릭터와 플레이어 간의 관계는 일본의 미소녀 게임 팬이 보기에는 그다지 신기하지 않겠지만, 영미권을 포함한 전 세계 PC 게이머에게 경악과 감동을 준 작품이다. (이마이)

145 VA-11 HALL-A: CYBERPUNK BARTENDER ACTION

PC   Switch   PS   Xbox   발매연도: 2016 개발: Sukeban Games

207X년, 대기업이 장악하면서 조세 회피지로 전락한 미래 도시 '글리치 시티'. 사람들은 몸에 주입된 나노머신을 통해 일거수일투족을 감시당하고 지배층과 반체제 세력 간의 다툼이 끊이지 않는다. 이러한 사이버펑키한 세계에서 플레이어는 킬러나 탐정이 아닌, 바 'VA-11 HALL-A(발할라)'의 여자 바텐더 질 스팅레이가 된다. 가짜뉴스 사이트의 편집장, 능력 있는 미인 해커, 가게에서 독립한 섹스로이드처럼 흥미진진한 이들에게 칵테일을 내어주고 아이덴티티에 관한 문제부터 도시를 둘러싼 음모, 연애, 결혼, 섹스에 이르기까지 다양한 이야기를 듣는다. 실제 게임 플레이는 손님이 주문한 칵테일을 레시피대로 만들어 주는 것뿐이라 단순하다. 하지만 여느 노벨 게임과 달리 칵테일바의 템포에 따라 진행되는 스토리가 참신하고, 플레이어도 모르는 사이 게임 주제가 질의 인생 그 자체로 자연스럽게 옮겨간다. 개발사인 스케반 게임즈는 베네수엘라 출신 젊은 개발자 두 명으로 이루어져 있다. 베네수엘라의 불안한 정세를 사이버펑크 세계관에 덧대어서 그린 '어떻게 살아갈까'에 관한 이야기는 지금까지 비디오 게임에서 보기 힘들었던 문학성을 갖추면서 폭넓은 공감대를 형성했다. 16비트 시대를 본뜬 레트로한 픽셀 아트와 베이퍼웨이브에 기반을 둔 퓨전 사운드도 더해져 새로운 시대의 사이버펑크 클래식이 탄생했다. (이마이)

146 BUTTERFLY SOUP

`PC` 　　　　　　　　　　　　　　　발매연도: 2017 개발: Brianna Lei

일본에서는 로맨스물이나 성인물이 강세인 비주얼 노벨. 하지만 영미권에서는 텍스트와 일러스트만으로 구성된 간단한 표현 기법이라는 점에 힘입어 다양한 주제를 담는 캔버스가 되었다. 이 작품은 샌프란시스코 베이 에어리어에 사는 아시아계 미국인 브리애나 레이가 거의 혼자 힘으로 만든 비주얼 노벨이다. 내용은 베이 에어리어에 사는 아시아계 미국인 소녀들의 사랑과 야구를 그린 이야기다. 인종차별, 동성애 혐오, 가정 및 사회 문제와 같은 어두운 주제를 다루지만 유머러스한 문장과 섬세한 일러스트 덕분에 지금까지 비디오 게임에서 볼 수 없었던 현실성과 친밀함이 느껴진다. 몇 시간 만에 깰 만큼 짧은 게임이면서도 압도적인 공감을 불러일으킨 걸작이다. (이마이)

147 ONE NIGHT, HOT SPRINGS

`PC` 　　　　　　　　　　　　　　　발매연도: 2018 개발: npckc

비디오 게임은 다른 사람을 연기함으로써 그 사람이 안고 있는 문제를 자기 일처럼 생각하는 계기가 된다. 이 작품의 무대는 일본, 주인공은 트랜스여성인 하루다. 그녀는 친구에게서 같이 온천에 가자는 권유를 받는다. 마음은 여자이지만 몸은 아직 남자인 하루. 그녀는 과연 온천을 즐길 수 있을까. 이 작품만 플레이해도 재미있지만 「one night, hot springs」는 3부작 중 첫 번째 작품이다. 3부작은 각각 주인공이 다른데, 하루와 온천에 함께 간 친구가 주인공인 두 번째 작품 「last day of spring」도 추천한다. 트랜스여성을 둘러싼 사회의 편견과 여러 문제를 '일반 여성'의 시선으로 본다. 문제 제기는 하지만 어둡지 않고, 포근한 그림체에서 느낄 수 있듯이 따스한 이야기가 이어진다. (후루시마)

ADVENTURE
- WALKING SIMULATOR -

워킹 시뮬레이터는 인디게임의 문맥에서 태어나, 인디게임으로 흥한 장르다. 오늘날에는 어드벤처 게임의 한 종류로 여겨지지만 알고 보면 FPS의 모드에서 비롯되었다는 점이 흥미롭다. 어느 날 모드 제작자들은 FPS가 제공하는 광활한 3D 공간으로 이야기를 만들 수 있다는 사실을 알아차렸다. 요즘 말로 하면 '환경 스토리텔링'만으로 게임을 구성할 수 있다는 사실을 깨달은 것이다. 이 색다른 시도에서 상업적인 성공을 기대한 사람은 아무도 없었지만, 결국 인디게임의 흐름에서 높은 평가를 받으며 하나의 장르를 구축하기에 이르렀다.

148 곤 홈 (GONE HOME)

`PC` `Switch` `PS` `Xbox` `iOS`

발매연도: 2013　개발: Fullbright

「바이오쇼크 2」의 DLC 제작진이 미국 포틀랜드를 거점으로 삼고 로컬 페미니즘 펑크 신 '라이엇 걸(Riot grrrl)'의 영향을 받아 만든 탐색형 어드벤처 게임이다. 1995년 6월, 해외여행에서 돌아온 케이티는 벗어놓은 허물처럼 텅 빈 집을 마주한다. 산속에 있는 저택은 공포 게임에서 본 것 같으면서도 90년대의 향수를 불러일으킨다. 플레이어는 집안에 남은 물건과 편지 등을 일일이 조사하며 가족에게 닥친 사건을 파헤쳐 나간다. 「Dear Esther」가 만든 워킹 시뮬레이터라는 장르를 완성도 높은 환경 스토리텔링으로 한 단계 끌어올린 걸작이다. (이마이)

149 THE BEGINNER'S GUIDE

`PC`

발매연도: 2015　개발: Everything Unlimited Ltd.

이 작품은 어떤 개발자가 만든 게임을 그 친구가 소개하는 형식으로 진행된다. 친구는 부족한 부분을 더하거나 숨겨 둔 부분을 폭로하면서 개발자의 생각을 간접적으로 보여준다. 오디오 코멘터리를 게임화한 것이다. 메타픽션으로 치부하고 넘길 수도 있지만, 게임이 현실을 잠식하는 느낌은 「더 스탠리 패러블」 제작진의 작품이라는 사실을 실감하게 한다. 이 작품은 플레이하고, 개발하고, 이야기하고, 보는 다양한 지점에서 비디오 게임과 얽힌 사람들에게 물음표를 던진다. 상황이 다르면 의문이 다르고, 의문이 다르면 답도 다르다. 이 작품은 비디오 게임과 관련된 모든 이들의 '초보자 가이드'인 셈이다. (후루시마)

150 DEAR ESTHER

발매연도: 2012 개발: The Chinese Room

워킹 시뮬레이터. 「Dear Esther」를 이만큼 뚜렷하게 정의할 수 있는 단어는 없다. 플레이어가 할 수 있는 일이라고는 그저 걷는 것뿐. 이 게임에는 손에 땀을 쥐게 하는 전투도, 가슴 뛰는 모험도, 등골이 오싹해지는 공포도 없다. 그래서 '워킹 시뮬레이터'인 것이다. 게임 플레이는 매우 단순하다. 극단적으로 말하면 이동 방향과 시점을 조종하는 스틱 두 개를 지긋이 기울이기만 해도 클리어할 수 있다. 신비로운 섬을 걸어 다니다가 가끔 들리는 주인공의 독백에 귀를 기울일 뿐. 독백은 단편적인 데다가 무작위로 재생되므로 이야기의 전체상을 파악하기에는 역부족이다. 이 작품은 영국 포츠머스대학교 연구진이 '상호작용 없이 단순히 이야기를 들려주기만 하는 게임'이 성립 가능한지 연구하기 위해 만들었다. 줄곧 걷기만 하는 게임 플레이는 '상식을 깨는 스토리텔링'이라는 찬사와 '게임이라고 볼 수 없다'라는 비판을 동시에 받았다. 걷기만 하니까 '워킹 시뮬레이터'. 조롱을 담아 부르던 단어는 곧 하나의 장르가 되었다. 이후에 나온 워킹 시뮬레이터는 대부분 어떤 형태로든 플레이 요소를 포함하고 있다. 열쇠를 찾아서 문을 열고 퍼즐을 풀어서 길을 찾는 식이다. 따라서 장르 그 자체를 구현한 「Dear Esther」는 십 년도 더 전에 나왔지만 지금도 플레이해 볼 만한 가치가 있다. 게임에서 퍼즐과 발굴을 뺀 자리에 남는 것이 바로 '워킹 시뮬레이터'니까. (후루시마)

151 환원 -DEVOTION- (還願 -DEVOTION-)

PC 발매연도: 2019 개발: Red Candle Games

레드 캔들 게임즈는 호러 어드벤처 게임 「반교 -Detention-」으로 성공을 거둔 대만의 게임 제작사다. 이번에는 전작과 마찬가지로 대만을 무대로 하면서도 일러스트풍 2D에서 실사풍 3D로 비주얼에 변화를 준 사이코 호러 게임을 선보였다. 주인공은 극작가인 두펑위. 그는 가수이자 배우로 이름을 날리던 궁리팡과 결혼해 행복한 가정을 꾸리려 했지만, 어딘가에서 길을 잘못 들고 만다. 플레이어는 주인공의 기억을 되짚기 위해 80년대 대만의 한 아파트를 뒤져야 한다. 집 자체는 넓지 않지만 사진부터 시계, 가구, 식기에 이르기까지 무시무시한 퀄리티로 구현되어 있어 외국인이 보더라도 묘한 불쾌감과 노스탤지어를 느낄 수 있다. 사운드 역시 사실적이어서 모니터 너머로 냄새가 풍기는 듯 높은 몰입도를 자랑한다. 게다가 이 작품은 비주얼 면에서도 일러스트, 실사, 추상적인 표현 등 다양한 스타일을 활용해 이야기를 그려나간다. 전작에서 한 단계 더 진화한 표현 방식은 게임이 발매되자마자 폭발적인 반응을 불러모았다. 하지만 여기서 비극이 시작되었다. 게임 내 부적 오브젝트에서 시진핑을 비난하는 문구가 발견된 것이다. 일부 중국인 유저의 비난 끝에 이 작품은 판매가 중지되었다. 열화와 같은 성원부터 판매 중지까지, 모두 발매 일주일 만에 일어난 일이다. 그러나 2021년 3월 제작사 홈페이지에서 다운로드 버전 판매가 재개되었다. (이마이)

152 더 스탠리 패러블 (THE STANLEY PARABLE)

발매연도: 2015 개발: Galactic Cafe

PC

게임을 시작하면 눈앞에 문 두 개가 놓여 있다. 내레이터가 말한다. "당신은 왼쪽 문으로 들어갔다." 플레이어는 내레이터의 말대로 왼쪽 문으로 들어갈 수도, 무시하고 오른쪽 문으로 들어갈 수도 있다. 이것은 자유일까. 아니면 '떠밀리는' 것에 불과할까. 이 작품은 내레이터의 말을 따르거나 무시하는 어드벤처 게임이다. 꼬리에 꼬리를 무는 명령에 귀 기울이면서 자신의 행동을 결정한다. '그 녀석'이 생각지도 못한 결말에 이르기 위해 애를 써 봐야 손바닥 위에서 내려올 수는 없다. 문득 떠오르는 것은 플레이어와 게임 간의 관계다. 비디오 게임 속 자유에 관해 생각해본 적이 있다면 이 게임을 무시하기 힘들 것이다. (후루시마)

153 WHAT REMAINS OF EDITH FINCH

발매연도: 2017 개발: Giant Sparrow

PC Switch PS Xbox iOS

기묘한 체험을 하고 싶다면 이 게임만 한 것이 또 있을까. 이 작품은 마개조를 거듭한 기분 나쁜 저택을 무대로 그곳에 살던 이들에게 일어난 일을 되짚어보는, 옴니버스식 1인칭 어드벤처 게임이다. 저택의 주인이었던 핀치 가문 사람들은 하나같이 기묘한 죽음을 맞이했는데, 플레이어는 그 과정을 시간 순서대로 본다. '인생 마지막 날의 추체험'이라고 하면 공포물처럼 느껴질 테지만 대부분 현실인지 상상인지도 구분이 되지 않아 신비로우면서 환상적인 체험이라는 느낌이 강하다. 공들여 만든 건물 내부도 불쾌함을 넘어 일종의 아름다움이 느껴질 정도. 이쪽 세계에 끌린다면 꼭 한 번 접했으면 하는 작품. (치바)

154 암네시아: 더 다크 디센트 (AMNESIA: THE DARK DESCENT)

PC   발매연도: 2010   개발: Frictional Games

『페넘브라』 시리즈는 호러 어드벤처 장르 중에서도 물리 엔진을 적용한 3D 1인칭 시점 게임이라는 점에서 선구적인 작품이다. 해당 시리즈를 제작한 프릭셔널 게임즈가 뒤이어 선보인 작품이 바로 「암네시아: 더 다크 디센트」다. 게임의 기본 구조는 『페넘브라』 시리즈와 같다. 문이나 서랍을 열고 싶을 때는 '오브젝트를 잡고' 열리는 방향으로 잡아당기면' 된다. 완성도가 꽤 높고, 게임으로 보나 공포물로 보나 '어둠'을 제대로 활용한 작품이다. 난도 설정도 적절해 클리어 걱정은 할 필요 없다(반대로 난도를 극단적으로 높일 수도 있다). 공식적으로는 한국어를 지원하지 않으나 비공식 한글 패치가 존재한다. (토쿠오카)

---

155 레이어스 오브 피어 (LAYERS OF FEAR)

PC   발매연도: 2016   개발: Bloober Team SA

이 작품은 최고의 한 장을 완성하려는 화가가 불행에 휩쓸려 서서히 망가지는 과정을 그래피컬하게 그린 사이키델릭 호러 어드벤처 게임이다. 전투나 도주와 같은 액션 요소가 없는 호러 하우스 방식 게임으로, 그 무대는 주인공이 사는 저택이다. 빅토리아 양식으로 지어진 아름다운 저택이지만 지금은 과거의 영광 따위 전혀 찾아볼 수 없다. 폐가를 연상케하는 이 저택에서 주인공에게 무슨 일이 있었던 걸까. 눈앞에 닥쳐오는 공포 체험은 현실일까 아니면 그의 망가진 마음이 보여주는 환각일까. 이렇게까지 하면서 그가 그리려는 것은 무엇일까. 괴이한 저택 깊숙이 들어가 끝까지 지켜보자. DLC와 후속편도 출시되었다. (요나시)

ADV_WS FIREWATCH

156 FIREWATCH

`PC` `Xbox` `PS` `Switch`

발매연도: 2016 개발: Campo Santo

아무도 만나고 싶지 않다. 하지만 혼자 있는 건 외롭다. 하는 수 없이 SNS에서 이것저것 주절거리고 있지는 않나. 게임의 무대는 1980년. 트위터도 페이스북도 클럽하우스도 없던 시절이다. 하지만 주인공이 느끼는 삶에 대한 피로와 외로움은 40여 년이 지난 현재를 살아가는 우리라고 해서 예외는 아니다. 「파이어워치」는 1인칭 시점 어드벤처 게임이다. 일상에 염증을 느낀 주인공은 산에서 자연을 지키는 산불감시원이 된다. 1인칭 시점으로 진행되는 어드벤처 게임이니만큼 게임을 플레이하는 내내 무전기를 통해 딜라일라라는 여자와 이야기를 주고받으며 외로움을 달래고, 주어진 임무를 수행한다. 아무도 만나고 싶지 않지만 외로움이 느껴질 때 얼굴이 보이지 않는 상대와 이야기하면 어쩐지 마음이 편해지는 경험이 있을 것이다. 주인공도 마찬가지 아니었을까. 비일상적인 경험을 다른 사람과 나누며 마음 속 상처를 치유하고, 주인공은 숲을 나와 다시 한번 삶을 마주한다. 지친 삶에 여름방학을 주고 싶다면 이 작품을 플레이해보자. (후루시마)

104

157 NOSTALGIC TRAIN

`PC` `PS` `Switch` `Xbox` 발매연도: 2018 개발: Tatamibeya

논을 따라 길게 뻗은 논두렁길, 산을 오르자마자 귓전을 때리는 매미 소리, 발아래 반짝이는 바다. 일본의 시골. 산 적도 본 적도 없지만 누구나 떠올릴 수 있는, 무의식에 새겨진 풍경이다. 수많은 창작물의 영향일까. 시골 풍경은 사람들의 마음속에 노스탤지어로서 뿌리내리고 있다. 이 작품은 시골 하면 떠오르는 장소를 걸어 다니며 그곳에서 일어난 이야기를 쫓는 1인칭 시점 어드벤처 게임이다. 아름다운 풍경 속, 마을을 가로지르는 1칸짜리 열차가 기묘하다. 마을을 빙 두르는 노선에 역은 하나뿐이다. 노선이 어디로도 이어지지 않는 이유는 무엇일까. 약간 의아하지만 아름다운 일본의 시골 마을을 걸어 다니며 이야기를 만끽해 보자. (후루시마)

158 EXPLORE FUSHIMI INARI

`PC` 발매연도: 2019 개발: Matt Newell

여행지에서 만난 근사한 풍경을 사진 대신 3D 아트로 남겼다. 이 게임을 개발한 사람은 여행을 좋아하는 사진작가다. 인디게임은 다양한 배경을 지닌 개발자들의 개성이 한데 모인다는 점에서 흥미롭다. 이 작품은 제목에서 알 수 있듯이 일본 교토에 있는 후시미 이나리 신사를 재현한 1인칭 시점 어드벤처 게임이다. 플레이어는 한 손에 카메라를 들고 3D 공간에 재현된 후시미 이나리 신사를 돌아다닌다. 게임의 목적은 맵을 돌아다니면서 사진을 찍는 것인데, 정해진 장소의 사진을 찍으면 엔딩으로 이어지는 마지막 장소로 갈 수 있다. 개발자가 사진작가다 보니 DSLR 카메라처럼 모드를 조정할 수 있다. 노출과 F값을 만져서 세상에 단 한 장뿐인 사진을 찍어 보자. (후루시마)

159 리턴 오브 디 오브라 딘 (RETURN OF THE OBRA DINN)

PC | Switch | PS | Xbox   발매연도: 2018 개발: Lucas Pope

대형 제작사에서 인디 신으로 독립한 개발자는 많지만, 루카스 포프만큼 큰 성공을 거둔 사람은 드물다. 너티 독에서 『언차티드』 시리즈를 개발하던 그는 자신이 구상하던 실험적인 게임을 만들기 위해 독립했다. 2013년에 선보인 사회파 어드벤처 게임 「페이퍼즈, 플리즈」가 큰 성공을 거두었지만, 뒤를 잇는 「리턴 오브 디 오브라 딘」도 못지않은 명작이다. 플레이어는 의문의 표류선 '오브라 딘'에서 시체의 잔류사념을 통해 그곳에서 무슨 일이 일어났는지 추리한다. 선택지에 의존하는 다른 추리물에서 찾아보기 힘든 플레이 감각이다. 1비트 단색 그래픽으로 그려낸 3D 공간과 리얼한 사운드도 매력적. 루카스 포프는 이 작품을 통해 천재 개발자라는 평가에 쐐기를 박았다. (이마이)

160 어 쇼트 하이크 (A SHORT HIKE)

PC | Switch | PS | Xbox   발매연도: 2019 개발: adamgryu

하이킹을 소재로 하는 소소한 오픈 월드 액션 게임. 어떤 고민에 시달리던 조그만 새 '클레어'는 엄마의 제안에 따라 시끌벅적한 도시를 떠나 조그만 섬으로 향한다. 섬에서 클레어는 동물 모습을 한 주민들과 교류하면서 섬에서 가장 높은 곳을 목표로 하는 하이킹에 나선다. 게이지를 사용하는 암벽 등반과 날개를 이용한 활공이 특징으로, 「젤다의 전설 브레스 오브 더 와일드」를 떠올리게 하는 면이 있다. 1~2시간이면 엔딩을 볼 수 있어 부담이 적고 시골 마을을 느긋이 걸어 다니는 듯한 분위기 덕분에 마음이 따뜻해진다. 엔딩에 다다르는 과정도 아름다워 짧지만 만족스러운 체험을 맛볼 수 있다. (치바)

사회를 바꾼 인디게임
폴란드의 사례

글: 토쿠오카 마사토시

'인디게임이 사회를 바꾼다' 이렇게 말하면 과장이 심하다고 생각할지 모른다. 하지만 폴란드에서만큼은 사실이다. 「디스 워 오브 마인」(45p)은 나라와 사회를 바꿔놓았다.

『더 위처』 시리즈가 세계적인 성공을 거둔 뒤에도 폴란드 사회에서 게임의 지위는 그다지 높지 않았고 '게임 따위'가 함부로 다룰 수 없는 소재는 분명히 존재했다. 바르샤바 봉기도 그중 하나였다.

제2차 세계대전이 한창이던 1944년 8월, 독일 점령하에 있던 바르샤바에서는 동부 전선으로 밀려드는 소련군에 대항하기 위해 레지스탕스와 시민들을 중심으로 대규모 무장봉기가 일어났다. 하지만 소련군은 바르샤바를 가로지르는 비스와강 건너편에서 진격을 멈췄다. 들고 일어난 폴란드 국내군은 해산되었고, 바르샤바는 폐허로 변했다. 이것이 바르샤바 봉기인데, 바르샤바에는 당시 상황을 재현한 '바르샤바 봉기 박물관'이 있다.

필자는 2016년 폴란드에서 열린 게임 기술 콘퍼런스에서 패널 토의 참가자로서 11비트 스튜디오 멤버들과 함께 연단에 설 일이 있었다. 기회다 싶어 평소 「디스 워 오브 마인」에 갖고 있던 의문을 털어놓았다. "폴란드 회사에서 만든 게임인데 왜 바르샤바 봉기가 아니라 사라예보 포위전을 모티프로 삼았나?"

어떻게 보면 실례일 수 있는 질문인데도 그들은 자세히 답해주었다. "「디스 워 오브 마인」 이전에는 PC 게임이 바르샤바 봉기를 다루어도 된다는 사회적 공감대가 존재하지 않았다. 하지만 「디스 워 오브 마인」이 성공하면서 폴란드에서는 PC 게임에 대한 평가가 완전히 달라졌다. 지금은 시작에 불과하다. 앞으로 폴란드 사회는 계속 변할 것이다."

2016년에 보인 희망적인 전망은 4년 뒤 현실이 된다. 폴란드 교육부에서 만든 학생 권장 도서 목록에 「디스 워 오브 마인」이 포함된 것이다. 게다가 마테우슈 모라비에츠키 폴란드 총리는 이러한 코멘트를 덧붙였다. "이 게임은 사라예보 포위전뿐만 아니라 바르샤바 봉기를 다룬 작품이기도 하다."

물론 이 사례만 놓고 모든 인디게임이 사회를 바꿔야 한다거나 사회 개혁을 목적으로 하지 않는 인디게임은 평가할 가치가 없다고 말해서는 안 된다. 이는 요점을 제대로 파악하지 못한 주장이다. 하지만 인디게임이 사회를 바꿀 수 있다는 사실 그 자체는 진지하게 받아들여져야 할 것이다.

ADVENTURE
-POINT AND CLICK-

포인트 앤 클릭은 말 그대로 클릭이 주를 이루는 어드벤처 게임이다.
마우스가 보급되기 시작한 80~90년대 어드벤처 게임에서 주로 이용하던 방식이다.
3D 게임 시대로 접어들면서 기세가 한풀 꺾였지만,
이후 캐주얼 게임 바람이 불고
같은 그림 맞추기나 틀린 그림 찾기에 적합하다는 사실이 재발견되면서
스토리와 세계관을 발전시킨 작품이 쏟아져 나왔다.
포인트 앤 클릭은 게임 구조가 단순한 만큼 개발자 관점에서 문턱이 낮고
인디게임이 나오기 좋은 토양이다.
오늘날에는 단순한 그림 퍼즐을 넘어 간단한 조작과 대비되는
'선택의 무게'로 강렬한 스토리 체험을 선사하는 작품도 늘고 있다.

ADV_P&C 머시나리움(MACHINARIUM)

161 머시나리움 (MACHINARIUM)

PC | iOS | Android | PS | Switch | Xbox | 그외   발매연도: 2009 개발: Amanita Design

'개발자의 고집이 빛난다' 인디게임에서 흔히 볼 수 있는 홍보 문구 중 하나다. 그 고집을 얼마나 적절하게 구현했는지는 차치하고, 고집 자체에는 높고 낮음이 없다. 하지만 인디게임 개발자 중에는 이상한(터놓고 말하면 '광기 넘치는') 고집을 경이로운 레벨로 구현하는 이들이 있다. 「머시나리움」을 개발한 체코의 아마니타 디자인의 수장 야쿱 드보르스키가 대표적이다. 일러스트레이터인 아버지와 애니메이션 및 그림책 작가인 어머니 사이에서 태어난 그는 어릴 적부터 체코와 러시아 애니메이션에 푹 빠져 있었다. 그는 체코 프라하예술대학(AAAD)에서 졸업 작품으로 플래시 게임을 만든 것을 계기로 게임 작가의 길을 걷기 시작했다. 그의 작품은 포인트 앤 클릭 타입 퍼즐 어드벤처 게임이면서 언어에 의존하지 않고 그래픽, 애니메이션, 사운드에 무서울 정도로 집착한다는 사실로 잘 알려져 있다. 스테이지 배경에 그려진 산 하나만 보더라도 점토로 산 모양을 만들어 카메라로 찍은 다음 취미로 즐기는 트래킹 중간중간 촬영한 자연물이나 폐허 텍스처를 집어넣는다. '굳이 그렇게까지' 하는 말이 절로 나올 만큼 복잡한 과정이다. 지금까지는 2D 게임만 개발했지만 유니티 등을 활용한 3D 게임도 연구 중이라고 하니 앞으로 어떤 게임을 선보일지 기대해 보자. (토쿠오카)

162 페이퍼즈, 플리즈 (PAPERS, PLEASE)

PC | iOS | 그 외 | Android 발매연도: 2013 개발: Lucas Pope

가상의 공산주의 국가 아스토츠카 입국 심사관으로 발령받은 플레이어는 입국 심사대 앞에 늘어선 '시민'들이 제출하는 서류를 체크한다. 선택지는 허가와 거부뿐. 산전수전 다 겪어 노련한 시민들은 만만치 않다. 위조 여권이나 해적은 차라리 양반이다. 성별을 속이거나 무기를 숨겨서 가져오는 이들도 있다. 플레이어는 규칙에 따라 적절한 판단을 내리는 것은 물론이고 최대한 많은 사람을 심사해야 한다. 가족들에게 식사와 난방, 의료 서비스를 제공하려면 돈이 필요한데, 검문소는 성과제로 굴러가므로 적절하게 심사한 건수만큼 월급으로 돌아오기 때문이다. 수많은 인디게임에 영향을 준 마스터피스다. (토쿠오카)

163 PLEASE, DON'T TOUCH ANYTHING

PC | Switch | PS | Xbox | iOS 발매연도: 2015 개발: Four Quarters

"부탁할게! 아무것도 만지지 말고 이 장치를 몇 분만 지켜봐 줄래?" 동료의 부탁. 눈앞에는 커다란 빨간 버튼이 눈에 띄는 수수께끼의 장치가 놓여 있다. 이렇게 신경 쓰이는 장치를 어떻게 건드리지 않을 수 있을까? 이 게임은 수수께끼의 장치를 만지작거리면서 다양한 엔딩을 보는 포인트 앤 클릭 게임이다. 빨간 버튼만 있는 것 같지만 숨겨진 조작법을 알아내면 새로운 버튼과 콘솔이 나타난다. 장치를 어떻게 조작하냐에 따라 다른 결과가 나오는 것이다. 숨겨진 조작법을 찾아내 새로운 결말을 보자. 얄밉게도 힌트는 게임 화면에 은근슬쩍 묘사되어 있다. 관찰력과 상상력이 공략의 열쇠. VR 모드를 지원하는 3D 버전도 출시되었다. (요나시)

164 REPLICA

`PC` `Switch` `iOS` `Android` 발매연도: 2016 개발: SOMI

한국인 개발자 '소미'가 만든 스마트폰 소셜 해킹 게임. 플레이어는 국가의 안보를 위해 다른 사람의 스마트폰에서 반체제적인 메시지를 찾아내고 스마트폰의 주인을 신고해야 한다. 생일로 비밀번호를 유추하거나 SNS를 통해 테러리스트 일당을 알아내는 등 간단한 퀴즈 풀이 형식 어드벤처 게임으로 짧지만 잘 만든 작품이다. 이 작품의 진가는 '찜찜한 뒷맛'에 있다. 남의 휴대폰을 훔쳐보면서 어떤 정보든 반정부로 연결 짓는 플레이로 인해 뒤이어 나온 작품들과 함께 '죄책감 3부작'이라는 별칭이 붙었다. 프라이버시와 권력 문제를 날카롭게 파고드는 사회파 인디게임 개발자 소미의 이름을 알렸다는 점에서 기념비적인 작품이다. (이마이)

165 오웰 (ORWELL)

`PC` `Android` `iOS` 발매연도: 2016 개발: Osmotic Studios

치안 유지를 위해 정부에서 만든 프로그램 '오웰'은 모든 국민이 온라인에 남긴 데이터를 추적할 수 있는 시스템이다. 플레이어는 이 시스템의 오퍼레이터가 되어 폭탄 테러 사건을 해결해야 한다. 조지 오웰의 소설《1984》에 등장하는 '빅 브라더'를 체험할 수 있는 이 작품은 인터넷 사회와 국가 차원의 감시가 얼마나 무서운지를 그린 어드벤처 게임이다. 게임을 하는 내내 '이 사람이 테러리스트일지도' 수준의 작은 선입견이 얼마나 손쉽게 정보의 의미를 바꿀 수 있는지 몇 번이고 느낄 것이다. 공식적으로 한국어를 지원하지 않지만, 영어나 일본어가 능숙한 사람이라면 꼭 한번 플레이해 보았으면 한다. (토쿠오카)

166 THAT DRAGON, CANCER

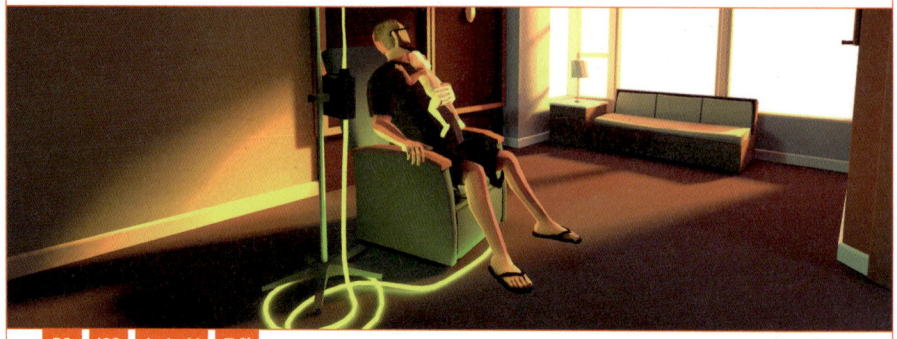

`PC` `iOS` `Android` `그 외`   발매연도: 2016 개발: Numinous Games

어드벤처 게임, 워킹 시뮬레이션, 미니게임 모음집. 이 작품이 어떤 게임인지 정의하기는 힘들다. 하지만 이 작품이 무엇에 관한 게임인지는 설명할 수 있다. 이 작품은 개발자인 그린 부부와 아들인 조엘이 실제로 겪은 이야기다. 생후 12개월 만에 소아암 선고를 받은 조엘이 4년 뒤 짧은 생을 마감하기까지 가족들이 생각하고 느낀 것을 아름다운 그래픽으로 어렴풋이 그려낸다. 하지만 모든 것은 결국 '끝'을 맞이한다. 게임은 누가, 누구를 위해, 무엇을 위해 만드는가? 이 작품은 그러한 질문에 대한 하나의 가능성이기도 하다. 공식적으로는 영어만 지원하지만, 한글 패치가 나와 있고 분위기만으로도 플레이할 가치가 충분한 작품이다. (토쿠오카)

167 HEADLINER: NOVINEWS

`PC` `Switch` `PS` `Xbox`   발매연도: 2018 개발: Unbound Creations

대형 언론사의 편집장이 되어 여론을 마음대로 주무르고 싶다. 「헤드라이너: 노비뉴스」는 이러한 욕망을 채워주는 작품이다. 플레이어는 정세가 불안정한 가상의 국가 노비스탄에서 유일한 신문사의 편집장이 되어 어떤 기사를 실을지 결정한다. 플레이어의 손짓 한 번에 건강 보험 시스템이, 외교가, 문화와 풍습이 바뀌고, 이는 도시의 풍경에도 영향을 미친다. 변화는 친한 사람들에게 있어 순풍이 되기도 하고 강한 역풍이 되기도 한다. 과연 미디어는 진실만 보도할 수 있을까? 애당초 진실이란 무엇인가? 고등학교 미디어 리터러시 수업에도 활용된 이 작품으로 '내가 생각하는 최고의 신문'을 만들어 보자. (토쿠오카)

168　INKED: A TALE OF LOVE

`PC` `iOS` `Android` `Switch` `PS` `Xbox`　　　　발매연도: 2018　개발: Somnium Games d.o.o.

필드 위에 오브젝트를 자유롭게 배치해 퍼즐을 푸는 쿼터뷰 어드벤처 게임. 플레이어는 '이름 없는 영웅'을 조종해 빼앗긴 연인을 되찾는 여행에 나서⋯ 지만, 사실 '이름 없는 영웅'은 젊고 재능 넘치는 만화가 아담이 만든 캐릭터다. 게임 자체도 아담이 그린 작품 속 세계로, 아담은 폭주하는 버스로 덮치는 등 주인공을 자꾸 방해한다. 아담은 왜 영웅을 죽이려는 걸까? 주인공과 아담에게 무슨 일이 있었던 걸까? 종이 위에 잉크로 그려진 세계에서 벌어지는 모험은 서서히 현실과 비현실 사이의 경계선을 부순다. 난도가 다소 높은 편이므로 스토리만 즐기고 싶은 사람은 유의할 것. (토쿠오카)

169　웬 더 패스트 워즈 어라운드 (WHEN THE PAST WAS AROUND)

`Switch` `PS` `PC` `Xbox` `iOS` `Android`　　　　발매연도: 2020　개발: Mojiken

포인트 앤 클릭 타입 어드벤처 게임은 '퍼즐을 풀어서 스토리를 진행'하는 구성을 취하기 마련인데 이 작품도 마찬가지다. 주인공인 에다는 올빼미 모습을 한 남자와 친해지지만 머지않아 그는 죽고 만다. 만남과 상실, 그리고 다시 일어서는 에다의 이야기가 그림과 퍼즐을 통해 펼쳐진다. 문자 대신 그림만으로 스토리를 풀어나가는 게임이지만, 그림체가 세련되고 화면 구석구석 꼼꼼히 채운 풍경에서 이야기가 자연스럽게 배어난다. 이 작품을 개발한 모지켄 스튜디오는 인도네시아 회사로, 작품에서도 동남아시아 인디게임 신의 열기가 물씬 느껴진다. (토쿠오카)

PUZZLE

인디 퍼즐 게임은 색다른 체험으로 가득한 보물창고다.
단순하지만 지금까지 없었던 룰이나
'이건 반칙이지' 하고 머리를 싸매게 하는 아이디어도 마냥 드물지 않다.
따라서 퍼즐 그 자체의 매력은 물론이고 아름다운 비주얼이나
엔터테인먼트성을 내세우는 작품이 부쩍 많아졌다.
최근 10년 사이 눈에 띄게 늘어난 물리 엔진 퍼즐이 대표적이다.
이처럼 대중화가 이루어지는 한편 게임이 플레이어를 고르는
고난도 퍼즐 게임도 주가를 올리고 있다.
인디스러운 다양성의 파도가 퍼즐 장르의 세계에도 밀어닥치고 있다.

170 THE WITNESS

`PC` `PS` `Xbox` `iOS` `그외`   발매연도: 2016 개발: Thekla, Inc.

예로부터 PC 게임 중에는 '아름다운 세계를 돌아다니며 수수께끼를 푸는' 타입의 명작이 많017;있는데 「더 위트니스」도 이러한 명작들과 어깨를 나란히 할 만한 작품이다. 게임의 주축은 퍼즐이며, 신비한 섬에 설치된 500여 개 퍼즐은 '한붓그리기'에 각기 다른 요소가 더해졌다. 규칙을 따로 설명해 주지 않으므로 플레이어는 퍼즐을 풀면서 요령껏 알아내야 한다(반대로 말하면 언어로 된 설명이 없어도 규칙을 파악할 수 있다). 3D로 이루어진 섬을 돌아다니면서 '유레카'의 순간을 무수히 쌓아 나가는 과정은 '신비한 섬 그 자체'라는 수수께끼를 푸는 여정이기도 하다. 어서 오시죠. 광기와 이성, 그 틈새에 낀 세계로. (토쿠오카)

171 ANTICHAMBER

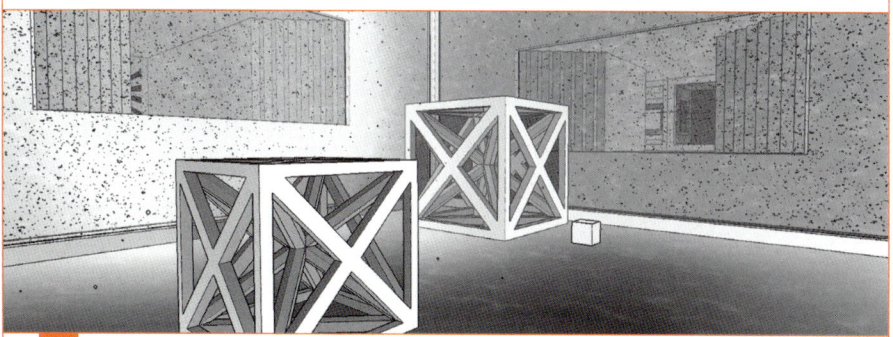

`PC`   발매연도: 2013 개발: Alexander Bruce

'아무것도 믿을 수 없다' 이 말이 딱 맞는, 퍼즐 요소가 강한 1인칭 액션 어드벤처 게임. 보는 각도에 따라 형태가 바뀌는 오브젝트나 처음과 끝이 이어진 통로처럼 기묘한 장치로 가득 차 있어서 '어느 한 점을 응시하면서 이동해야 앞으로 나아갈 수 있다' 하는 식으로 독특한 해법을 요구한다. 게임을 진행하다 보면 원하는 곳에 큐브를 설치할 수 있는 장치를 얻게 되고, 퍼즐은 한층 더 복잡해진다. 흰색을 베이스로 빨간색과 파란색 등 원색을 과감하게 배치한 색 사용도 다른 게임과 사뭇 다른 인상을 준다. 색다른 게임을 찾는다면 놓쳐서는 안 되는 작품. 다만 누구든 손쉽게 클리어할 만한 난도는 아니다 보니 다소 각오가 필요할지도. (치바)

172 포탈 (PORTAL)

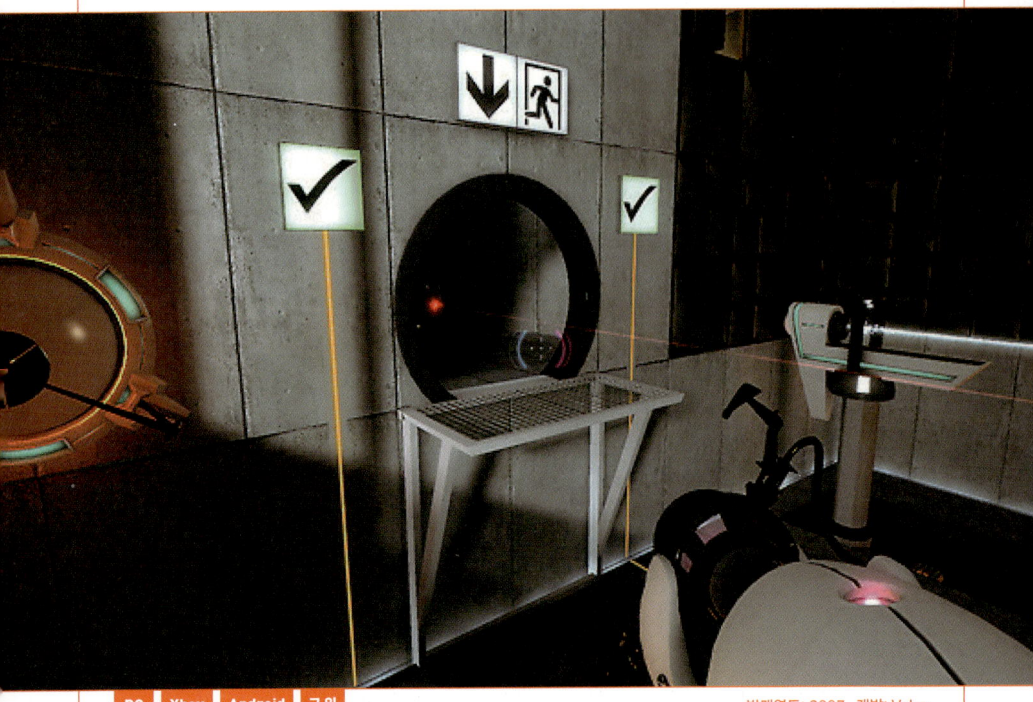

PC　Xbox　Android　그 외　　　　　　　　　　　　　발매연도: 2007　개발: Valve

스팀을 운영 중이며 『하프라이프』『카운터 스트라이크』와 같은 초대형 타이틀을 제작한 밸브의 『포탈』을 인디게임으로 다루려면 짧게나마 설명이 필요할 것이다. 이 작품은 디지펜 공과대학에서 게임 개발과 게임 디자인을 전공하던 학생들이 만든 3D 퍼즐 플랫포머 「나바큘라 드롭(Narbacular Drop)」의 정신적 후속작이다. 『포탈』의 핵심 메카닉스인 두 개의 포탈(구멍)을 설치해서 이동한다는 요소는 「나바큘라 드롭」에서 처음 도입되어 해당 작품이 2006년 다양한 게임 어워드에 이름을 올릴 수 있도록 일조했다. 이후 개발진은 그대로 밸브에 스카웃되었으며, 「나바큘라 드롭」은 「하프라이프 2」「팀 포트리스 2」 등 밸브의 다른 작품과 함께 패키지『오렌지 박스(The Orange Box)』에 수록되었다. 두 개의 포탈을 이용하는 참신한 게임 시스템과 플레이어의 뒤통수를 때리는 스토리텔링은 비평가의 찬사를 받았다. 게다가 주인공인 첼, 인공지능 시스템인 GLaDOS, 동행 큐브와 같은 등장인물(?)들은 아직도 인터넷 밈으로서 왕성한 생명력을 자랑한다. 1인칭 퍼즐 장르에서 '제2의 포탈' '제3의 포탈'을 낳은 걸작이면서 환경 스토리텔링을 도입한 초기 인디게임이다. (이마이)

173 MONUMENT VALLEY

Android   iOS   PC

발매연도: 2014   개발: ustwo

공간예술과 시간예술의 융합. 비디오 게임의 예술성을 논할 때 이 시리즈를 뛰어넘는 성공 사례는 없을 것이다. 출시되자마자 애플 디자인 어워드를 받고 이듬해에는 게임 미디어에서 선정하는 '올해의 게임'에 줄줄이 이름을 올렸으며, 발매 2년 만에 판매량 2,600만 장을 기록했다. 모리츠 코르넬리스 에셔의 대표작 <폭포>처럼 바닥인 줄 알았던 것이 벽이 되고, 길처럼 보이는데 걸어 다닐 수 없다. 목적지가 보이더라도 길이 없으면 주인공은 움직이지 않는다. 그러니 길을 만들어 주자. 사원에 있는 레버와 점 모양 돌기를 밀거나 당기면 건축물의 모양이 변한다. 벽이나 천장이 바닥으로, 윗길처럼 보이던 곳이 순례자의 길로 바뀐다. 이 착시 퍼즐을 인터랙티브 아트로 승화한 것이 초현실적인 건축물에서 나오는 손맛이다. 퍼즐 상자처럼 정해진 순서에 따라 기믹을 조작하는 것이다. 통일된 양식을 유지하면서도 중간중간 뜻밖의 어레인지가 들어가 있는데 하나같이 유쾌한 느낌을 준다. 어디를 조작해야 하는지도 분명해서 레버나 블록을 조작하면 맑은 물소리가 울려 퍼진다. 외부인을 배척하는 한편 누군가 나타나 퍼즐을 풀어주었으면 하는 사원의 진심이 은연중에 드러난다. 2탄은 후속작이기에 나올 수 있는 기믹과 스토리텔링이 훌륭하지만, 게임의 콘셉트 자체는 1탄에 응축되어 있다. 플레이 시간은 두 작품 다 합쳐도 길지 않으므로 꼭 1탄부터 해 보기를 바란다. (노무라)

174 FRAGMENTS OF EUCLID

`PC` 발매연도: 2017 개발: NuSan

에셔의 착시 그림과 같은 불가능한 사물(Impossible Object)을 소재로 한 퍼즐 게임이 꾸준히 늘고 있는데, 그중에서도 이 작품은 착시 그림 속을 헤매는 기분을 느낄 수 있다는 점에서 돋보인다. 에칭 기법으로 그려낸 3D 미궁은 그 자체로도 독특한 분위기가 감돌지만, 헤매는 동안 시각은 물론 중력까지 뒤죽박죽이 되어 아차 하는 사이 공간감이 사라진다. 하지만 그것이야말로 이 작품에서만 얻을 수 있는 색다른 체험이다. 할 일은 단순하다. 바닥에 있는 스위치에 물건을 두고 문이 열리면 앞으로 나아간다. 이 과정을 되풀이하면 된다. 분량은 그다지 많지 않으므로 단순 노동을 한다는 느낌 없이 끝까지 즐길 수 있을 것이다. 자신의 감각을 믿을 수 있을 때까지는. (h)

175 수퍼리미널 (SUPERLIMINAL)

`PC` `PS` `Xbox` `Switch` 발매연도: 2020 개발: Pillow Castle

'상식을 의심하라' 이 말이 이만큼 와닿는 게임이 또 있을까. 당신은 신종 수면 치료법이 실패하는 바람에 꿈속에 갇히고 말았다. 꿈속은 착시가 곧 현실이 되는 기묘한 세계. 원근법 때문에 작게 보이는 물건을 내 눈앞에 가져오면 실제로 작아져 있는 식이다. 벽에 난 무늬처럼 보이는 곳에 물건을 가져다 대면 못 보던 공간이 나타나기도 한다. 즉 눈에 보이는 형태나 크기가 최우선인 것이다. 이 작품의 재미는 이론을 알고 있더라도 눈에 보이는 것을 믿을 수 없게 되는, 독특한 공간 그 자체에 있다. 퍼즐은 그다지 어렵지 않으니 지금까지 듣도 보도 못한 탈출 게임을 마음 편히 즐겨보자. (h)

PUZZLE HIDDEN FOLKS | MAZE MACHINA

176 HIDDEN FOLKS

`PC` `iOS` `Android` `Switch`

발매연도: 2017 개발: Adriaan de Jongh, Sylvain Tegroeg

거대한 손 그림 일러스트에서 타깃이 되는 사람이나 물건을 찾는다. 《월리를 찾아라》의 게임 버전. 일러스트는 움직일 뿐만 아니라 상호작용이 가능해서, 창문 블라인드를 올려 빌딩 안을 보거나 덤불을 이리저리 헤집을 수도 있다. 사람이 직접 입으로 소리를 낸 효과음도 이 게임만의 특징이다. 효과음은 자동차에서 나는 '부릉' 소리부터 무언가를 발견했을 때 울리는 '삐링' 소리까지 2,000여 가지에 이른다. 목표물은 어디에 숨어 있는지, 여기에서는 어떤 소리가 날지 두근거리는 숨바꼭질과 보물찾기는 일러스트의 귀여움이 어우러져 단순하면서도 발견의 기쁨으로 가득 차 있다. (치바)

177 MAZE MACHINA

`Android` `iOS`

발매연도: 2019 개발: Arnold Rauers

고전 퍼즐 게임 「Threes!」(124p)를 오마주한 작품이자 세상에서 가장 작은 로그라이크. 4×4 크기의 기계식 미로에서 열쇠를 주워 출구로 향하면 되는데, 움직일 때마다 아사에 가까워지므로 서둘러 탈출해야 한다. 하지만 주인공인 쥐를 움직이면 적인 태엽 장치 로봇도 같은 방향으로 움직이며 방해한다. 방법은 단 하나, 발밑에 있는 칸에서 얻은 무기로 로봇을 때려 부수면서 나아가는 것뿐이다. 무기는 총 20종류인데, 적도 발밑에 있는 무기로 반격한다. 게다가 사용할 때마다 새로운 무기가 나온다. 이렇게 해서 로그라이크의 탐색, 전투, 생존이 퍼즐 게임과 어우러졌다. 치즈 바로 앞에서 죽을 때면 자기도 모르게 "한 번만 더!" 하고 외치게 될 것이다. (노무라)

178 MCPIXEL

`PC` `iOS` `Android` 발매연도: 2012 개발: Sos Sosowski

당장이라도 터질 듯한 다이너마이트, 남은 시간은 고작 20초뿐이다! 스테이지마다 다른 방법으로 폭탄을 제거하는 포인트 앤 클릭 타입 퍼즐 게임. 거친 픽셀 아트가 인상적이다. 신경 쓰이는 것을 클릭하기만 해도 장면이 진행되므로 '무슨 일이 벌어질까?' 하는 두근거림을 빠른 템포로 맛볼 수 있지만, 한편으로는 '말도 안 돼!' 하는 외침이 절로 나올 만큼 억지스러운 전개가 이어지는 엉뚱한 게임이다. 소시지 대신 다이너마이트를 끼운 핫도그처럼 도무지 이해할 수 없는 상황은 물론 폭발을 피하는 데 성공하더라도 '이게 왜 그렇게 되냐고!' 싶은 해결법이 흔하므로 너무 진지하게 생각하지는 말자. 장면이 끝날 때마다 삽입되는 타이틀 로고도 아스트랄함을 더한다. (치바)

---

179 GOROGOA

`PC` `Switch` `PS` `iOS` `Android` `Xbox` 발매연도: 2017 개발: Buried Signal

아르누보풍의 섬세한 터치로 완성한 그림 속 세계를 여행하는 퍼즐 게임. 포인트 앤 클릭 타입 어드벤처 게임에 슬라이드 퍼즐을 조합한 그림 퍼즐물이다. 조작 감각도 참신하지만, 이 작품을 이야기할 때는 예술적인 그림들이 다층적으로 엮어 나가는 불가사의한 스토리를 빼놓을 수 없을 것이다. 「고로고아」는 게임이라는 미디어에 스토리텔링의 혁신을 가져온 작품이기도 하다. 주인공은 그림에서 그림으로, 시간과 공간을 넘나들며 현재와 과거가 뒤섞인 이야기 속을 살아간다. 이 작품의 참신함과 재미를 말로 다 표현하기는 힘들지만, 다른 게임에서는 결코 느낄 수 없는 스토리 체험만큼은 보장할 수 있다. 퍼즐이 특기라면 하루 만에 깰 수 있을 것이다. (h)

PUZZLE 월드 오브 구(WORLD OF GOO)

180 월드 오브 구 (WORLD OF GOO)

`PC` `iOS` `Android` `Switch` `그 외`

발매연도: 2008 개발: 2D Boy

IGF 2008에서 여러 상을 거머쥐며 화려하게 등장한 「월드 오브 구」는 초창기 인디게임 붐을 이끈 걸작 중 하나다. 장르는 퍼즐물이며, 플레이어는 수수께끼투성이인 검은 생물 '구'의 무리를 목적지까지 데려다주어야 한다. 무리 중 일부를 재료로 트러스 구조의 교량(물리 엔진의 영향을 받는다)을 만들어 목적지까지 길을 내면 된다. 재료로 사용한 구는 사라지므로 클리어 조건이 '구 25마리 중 8마리 이상을 구해라'인 스테이지에서는 교량 재료로 17마리까지만 쓸 수 있다. 폭탄 구나 풍선 구처럼 다양한 구가 있는 데다가 구로 만든 다리는 흐물흐물해서 교량 건설이 마냥 생각대로 흘러가지는 않을 것이다. 이 작품은 Wii 게임 DL 판매 서비스인 Wii웨어에서도 발매되었는데,

2008년 4월 닌텐도 결산 설명회에서 이와타 전 CEO는 동영상을 활용해 가며 이 작품을 소개했다. 이날 강연에서는 "(Wii웨어는) 중소 개발사와 신규 개발사가 활발히 참가하고 있다. 하지만 소규모 팀의 게임 개발은 점점 어려워지는 추세다. 이러한 게임의 가능성에 기대를 걸기에 앞으로 지원을 아끼지 않을 것"이라는 다짐도 나왔다. 지금은 닌텐도 스위치가 인디게임에서 빼놓을 수 없는 플랫폼 중 하나가 되었는데, 그 초석은 여기에 있다. 이러한 점에서 시대의 산증인과 같은 작품이다. (토쿠오카)

181 CRAYON PHYSICS DELUXE

`PC` `Android` `iOS`   발매연도: 2009   개발: Kloonigames

별(골인 지점)을 향해 공을 굴리는 퍼즐 게임이지만, 스테이지에는 퍼즐을 푸는 데 필요한 조각이 턱없이 부족하다. 플레이어는 백지나 마찬가지인 스테이지에 크레용으로 그림을 그려 공을 별이 있는 곳까지 이끌어야 한다. 예를 들어 공은 높은 곳에 있는데 별은 커다란 구덩이를 사이에 두고 멀리 떨어진 바닥에 있다면? 공과 별을 잇는 대각선을 그리면 공이 비탈길을 굴러서 골인 지점으로 향한다. 스테이지가 진행되면 색색의 크레용을 사용해 복잡한 '기계'를 만들어야 할 때도 있다. 요즘은 비슷한 게임이 많지만, 이 작품은 IGF 2008에서 대상을 받은 것을 시작으로 지금까지도 톱클래스를 유지하고 있다. (토쿠오카)

---

182 CUT THE ROPE

`PC` `iOS` `Android`   발매연도: 2010   개발: ZeptoLab

스마트폰이 신종 게임기로 떠오르기 시작한 2010년 무렵, 시장에서 가장 먼저 성공을 거둔 작품은 『앵그리 버드』였다. 『앵그리 버드』는 고전 슈팅 게임에 물리 엔진을 접목해 '캐주얼 물리 퍼즐 게임'이라는 영역을 개척했다. 이후 스마트폰 앱과 브라우저 게임 분야에서는 『앵그리 버드』의 후발주자가 잇따라 나타났다. 러시아에서 제작된 『Cut the Rope』는 그중에서도 초창기 작품이며 시리즈 누적 다운로드 수가 4억 건에 이른다. 플레이어는 사탕이 매달린 밧줄을 순서대로 잘라 중력과 원심력을 이용해 화면 곳곳에 흩어진 별을 모으면 된다. 규칙은 단순하나 머리를 많이 써야 한다. 천천히 고민하면서 몇 번이고 도전해 보자. (h)

183 동물 타워 배틀 [どうぶつタワーバトル]

`iOS` `Android` 발매연도: 2017 개발: Yuta Yabuzaki

2017년 3월에 출시되었으나 그해 11월까지 빛을 보지 못한 온라인 대전형 퍼즐 게임. 「동물의 숲 포켓 캠프」(닌텐도, 2017) 출시 이후 '동물'로 앱 스토어를 검색하는 사람이 늘면서 역주행했다고 하니, 인디게임이 노출되는 계기는 실로 다채롭다. 게임 자체는 매우 단순하다. 동물 모양을 한 블록을 쌓아 올리다가 먼저 떨어뜨린 쪽이 진다. 다만 생각보다 훨씬 많은 기술이 들어가 있으면서 운에 좌우되기도 한다는 점에서 밸런스가 절묘하다. 이 때문에 지금도 적지 않은 버추얼 유튜버가 대전 실황 영상을 올리는 등 뜨거운 아레나가 유지되고 있다. (토쿠오카)

184 HOLEDOWN

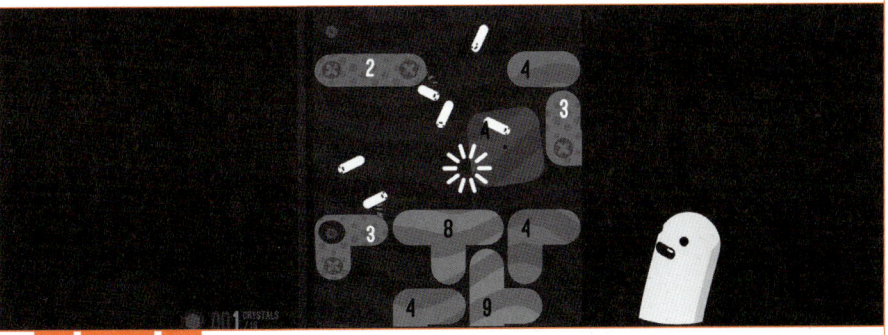

`PC` `Android` `iOS` 발매연도: 2018 개발: grapefrukt games

『미스터 드릴러』와 비슷한 블록 깨기 게임. 1발이니 2발이니 쩨쩨하게 굴지 않고 몇십 발씩 쏠 수 있어 통쾌하다. 블록에 닿자마자 튕겨 나오는 탄환을 되받아치면서 아래를 향해 내려가다가 핵을 부수면 스테이지 클리어다. 블록에는 숫자가 적혀 있고 그 숫자만큼 때리면 부서진다. 이때 위에 놓인 블록까지 같이 떨어지기도 한다. 토대에 있는 블록을 부수거나 몇 번이고 튕겨 나오도록 노리면 공격 한 번으로 대량 파괴를 노릴 수 있다. 블록은 모서리가 둥글둥글해서 닿는 곳에 따라 반사각이 휙휙 바뀐다. 과감한 궤도를 목표로 숨죽여 조준하는, 우주 갱부의 솜씨를 보여주자. 소행성, 달, 행성을 차례로 채굴한 끝에 기다리는 것은 엔드리스 모드인 블랙홀. 자, 한계 그 너머까지 파고들어라. (노무라)

185 THREES!

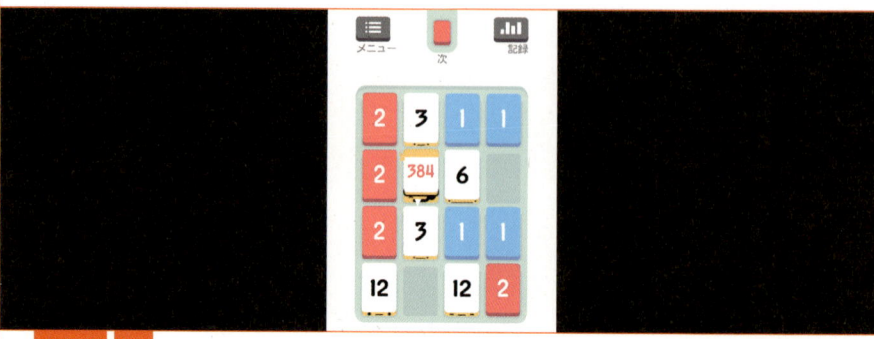

`Android` `iOS`   발매연도: 2014 개발: Sirvo LLC

1 더하기 2는 3. 3 더하기 3은 6. 이런 식으로 새로운 블록이 끊임없이 밀려든다. 스마트폰 퍼즐 게임을 추천할 때면 빼놓을 수 없는 명작 중의 명작. 4×4 크기의 그리드 위에 놓인 블록들은 스와이프할 때마다 한 덩어리처럼 움직인다. 숫자가 같은 블록끼리 겹치면 하나로 합쳐지면서 숫자가 커진다. 그리드가 가득 차서 옴짝달싹 못 하게 되면 게임 오버. 숫자가 같은 블록이 보일 때마다 얼른 겹치고 싶겠지만, 생각만큼 쉽지 않을 것이다. 그러다 보니 블록이 나타나는 위치를 예측해서 차근차근 겹쳤을 때 느껴지는 짜릿함이 어마어마하다. 끝이 없는 게임이라고들 생각했지만, 발매 3년 만에 게임을 클리어한 용자가 나타났다. 다음 주인공은 당신일지도? (노무라)

186 TOPSOIL

`Android` `iOS`   발매연도: 2017 개발: Nico Prins

스마트폰으로 가꾸는 텃밭. 4×4 크기의 조그만 밭에서 풍년을 노려보자. 작물 세 개를 심어서 한 종류를 수확한다. 이를 반복해 작물을 심을 수 있는 칸이 없어질 때까지 점수를 겨룬다. 바로 옆에 같은 작물이 심겨 있으면 한 번에 모아서 수확할 수 있다. 이렇게 한 번에 수확해 빈칸을 만들면 다음 작물을 심기 쉬워진다. 하지만 작물을 수확하면 토양의 색이 돌아가면서 바뀌는데, 토양이 다르면 심을 수 있는 작물도 달라서 수확 시 판정에서 제외된다. 다음에 올 겉흙(topsoil)을 예측하면서 계획적으로 밭을 가꾸자. 텃밭을 가꿔 본 사람이라면 공감할 수 있을 것이다. 중요한 것은 작물을 심기 전 토양 다지기. 쏟아부은 수고가 그대로 돌아온다니 그야말로 꿈같은 밭이다. (노무라)

187 바바 이즈 유 (BABA IS YOU)

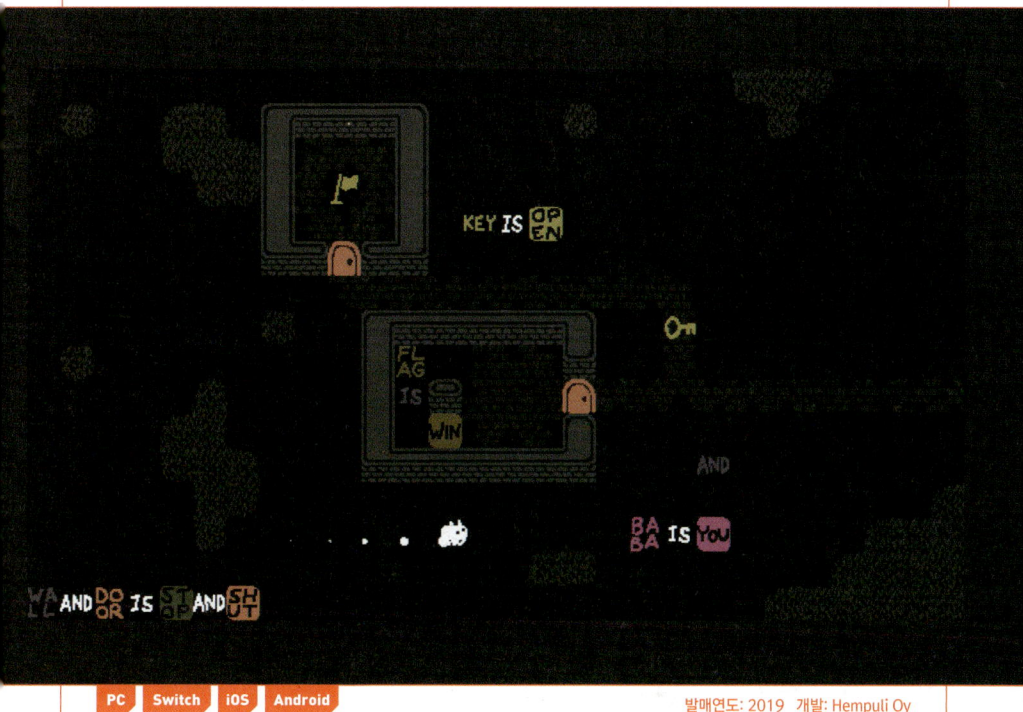

PC | Switch | iOS | Android　　　　　　　　　　　발매연도: 2019　개발: Hempuli Oy

이 작품은 언어 퍼즐 게임이다. 칸칸이 나뉜 스테이지에는 벽과 장애물은 물론이고 해당 스테이지의 규칙을 적은 문장이 배치되어 있다. 규칙은 종류가 다양한데, 예를 들어 'BABA IS YOU'라고 적혀 있으면 바바라는 캐릭터를 조종할 수 있으며, 'WALL IS STOP'이라고 적혀 있으면 벽을 통과하지 못한다. 'FLAG IS WIN'은 플레이어 캐릭터를 깃발에 닿게 하는 것이 스테이지 클리어 조건이라는 의미다. 이러한 규칙은 장애물과 마찬가지로 플레이어가 개입할 수 있다. 규칙이 적힌 문장 일부를 플레이어 캐릭터로 밀어서 끊거나 다른 단어로 바꿔치기하면 된다. 'WALL IS STOP'이라는 문장을 끊어서 의미가 통하지 않게 하면 막혀 있던 벽을 자유자재로 통과할 수 있게 되고 'WALL IS YOU'라는 문장을 만들면 벽이 플레이어 캐릭터로 바뀐다. 즉 'BABA IS YOU'를 부수지 않고 'BABA IS WIN'이라는 문장을 만들면 곧바로 스테이지를 깰 수도 있다. 클리어를 목표로 단어 조합을 마음대로 바꿔 보자. 시스템은 간단해 보이지만, 게임의 난도는 결코 만만하지 않다. 초반부터 어려운 문제가 잇따라 나오는 데다가 게임을 진행할수록 새로운 단어가 추가되면서 퍼즐이 복잡해진다. 나중에는 규칙이 적힌 문장을 바꾸지 않으면 스테이지조차 깰 수 없게 된다. 어려운 퍼즐을 원하는 사람에게 추천하는 게임이다. (요나시)

188 I HATE THIS GAME

PC
발매연도: 2019 개발: Pixel Error

이렇게 깨도 되는 걸까? 게이머이기에 당황하며 머리를 싸매게 되는 액션 퍼즐 게임이다. 방으로 들어가면 화면 가운데에 다음 방으로 가기 위한 힌트가 큼지막하게 적혀 있지만, 하나같이 좀처럼 뜻대로 굴러가지 않는다. 외부 웹사이트에 접속하거나 게임 설정을 건드리는 등 다른 게임에서는 보기 힘든 공략법에 '이게 맞나?' 하는 생각이 몇 번씩 들 것이다. 이 게임은 고정관념에 사로잡혀 있으면 깰 수 없다. 게임의 클리셰를 싹 잊어버리고 유연한 발상으로 스테이지를 깨 보자. 한참 고민한 끝에 혹시나 하면서 시도해 본 공략법이 들어맞았을 때는 자기도 모르게 이렇게 외칠 것이다. "이 게임 진짜 싫어!" (요나시)

189 CYPHER

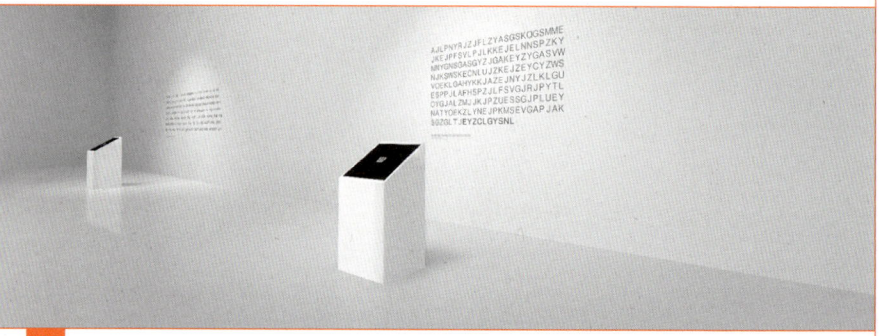

PC
발매연도: 2018 개발: Matthew Brown

인류가 오랜 역사 속에서 가장 많은 지성과 예산을 들여 개발한 퍼즐, 그것은 바로 암호다. 이 게임은 인류가 가꾸어 온 암호학의 이론을 놀면서 배우는 퍼즐 게임이다. 플레이어는 암호학 박물관을 돌아다니면서 실제 암호를 해독해야 한다. 전시실마다 암호 종류가 달라서 전시실을 나올 때마다 새로운 암호학 지식을 얻을 수 있다. 암호 이론에 관한 해설, 해독 과정에서 활용 가능한 사전 지식, 도저히 모르겠을 때 참고할 만한 힌트는 있어도 AI가 암호를 해독해주는 것과 같은 자동 요소는 전혀 없다. 실전이라 생각하고 진지하게 도전해 보자. 스테가노그래피부터 에니그마 암호기에 활용된 기계식 암호까지, 당신은 얼마나 해독할 수 있을까? (요나시)

190 HUMAN RESOURCE MACHINE

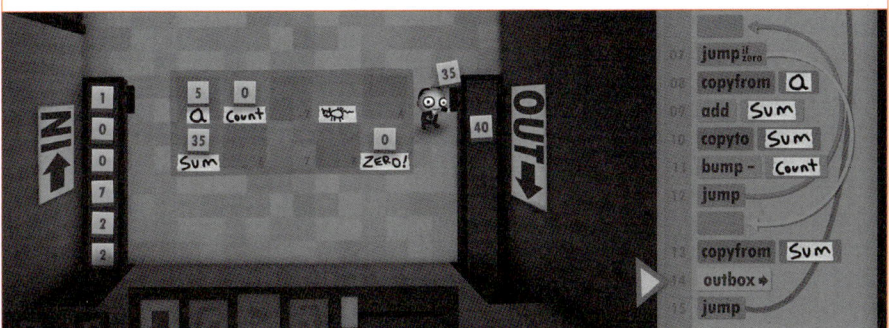

`PC` `그 외` `iOS` `Android` `Switch`

발매연도: 2015 개발: Tomorrow Corporation

인류의 숙원인 자동화, 그 꿈을 이루기 위한 게임이 바로 「휴먼 리소스 머신」이다. 이 작품에서 플레이어는 신입 프로그래머가 되어 조그만 직원을 조종해 임무를 완수해야 한다. 플레이어가 하는 일은 프로그래밍 그 자체다. 다만 키보드를 두드려 가며 코드를 입력할 필요는 없고, 명령어를 퍼즐처럼 맞추면 프로그램이 만들어진다(이른바 비주얼 프로그래밍이다). 프로그래밍의 기초적인 개념이 가득 담겨 있는 만큼 사람에 따라서는 혼자서 공부할 때보다 효율적으로 프로그래밍의 원리를 익힐 수 있다. 훌륭한 퍼즐이 으레 그렇듯이 '아름다운 해법'이 존재하는 것도 강점. (토쿠오카)

191 오푸스 마그눔 (OPUS MAGNUM)

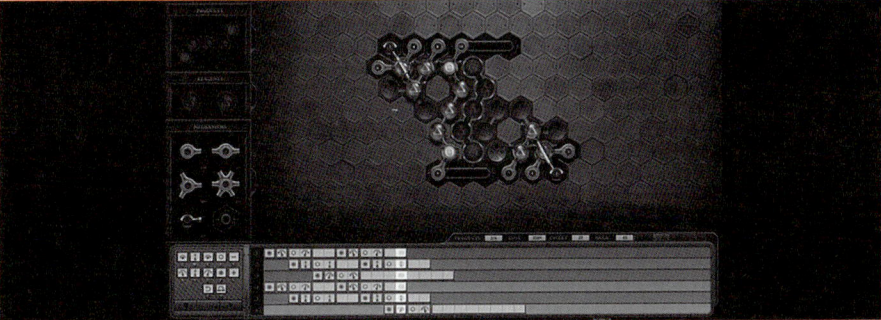

`PC`

발매연도: 2017 개발: Zachtronics

프로그래밍 색이 진한 퍼즐 게임을 연이어 내놓고 있는 자트로닉스의 작품. 연금술을 모티프로 하는 게임으로, 여러 원소를 옮기거나 결합하거나 분리하면서 필요한 물질을 만든다. 퍼즐은 벌집처럼 생긴 판 위에서 이루어진다. 원소를 옮기는 기계 장치와 원소를 결합하는 문양을 배치한 다음 각 부품을 돌리거나 레일을 따라 옮기면서 나만의 연금술 보드를 만들어 보자. 부품이 달그락달그락 움직이면서 물질을 정제하는 광경은 기계만이 낼 수 있는 아름다움이 돋보인다. 따라서 많은 시행착오를 무릅쓰면서 나도 모르게 푹 빠지게 된다. 플레이어의 상상력과 논리력에 따라 무궁무진한 답이 나올 수 있다는 점도 근사하다. (치바)

192 미니 메트로 (MINI METRO)

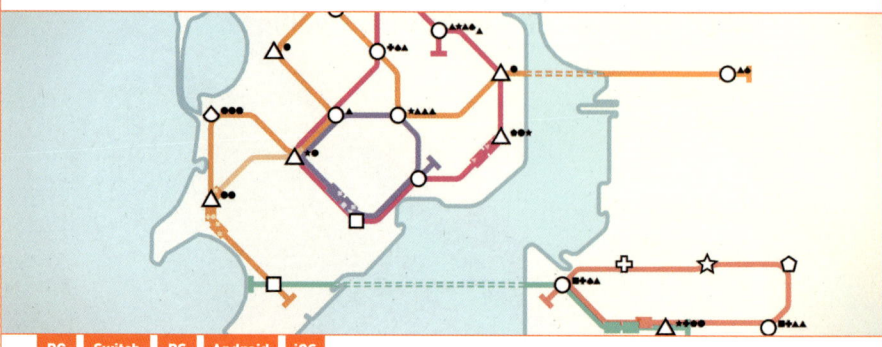

`PC` `Switch` `PS` `Android` `iOS`
발매연도: 2015 개발: Dinosaur Polo Club

어릴 적 지하철 노선도를 보면서 '여기랑 여기를 이으면…' 하고 상상하던 경험, 한 번쯤 있을 것이다. 그 상상이 게임으로 구현되었다. 맵 곳곳에 불쑥불쑥 튀어나오는 역들을 선으로 이어서 나만의 노선도를 만들어 보자. 말하자면 간략하게 추상화한 지하철 운영 시뮬레이션인데, 역의 혼잡도만 관리하면 된다. 특정 역에 승객이 몰리지 않도록 요령껏 열차를 배치하자. 게임은 도시가 복잡해지는 과정을 기호로 보여주는데, 공급이 수요를 따라가지 못하는 모습이 묘하게 현실적이다. 또한 이 작품은 인디게임 신에서 가장 유명한 게임 잼 '루둠 다레(54p 참고)'에서 만들어졌으며, 같은 게임 잼 응모작 중에서 가장 성공한 작품이다. (h)

193 PUZZLE PELAGO

`PC` `Android` `iOS`
발매연도: 2019 개발: Hallgrim Games

'한붓그리기'로 마을을 만드는 게임이다. 재해가 휩쓸고 지나간 섬을 다시 일으키기 위해 특산품을 활용한 산업 물류망을 설계하자. 마을 사람들은 재료가 아닌 제품을 원한다. 의자를 원하는 마을 사람에게는 통나무를 목재로 가공한 다음 공구로 조립한 의자를 주어야 한다. 이때 공구는 철로 만들고, 철은 석탄으로 광석을 정제해서 만든다. 즉 마을에 필요한 것은 공장이다. 재료에서 길을 놓아서 공장을 짓고, 공장과 공장을 길로 이어서 상급 공장을 짓는다. 이때 길이 서로 엇갈려서는 안 된다. 규칙이 엄격하지만 잘 찾아보면 힌트가 숨어 있다. 공장을 세우는 장소에 주목하면 길이 보일 것이다. 어려운 퍼즐과 쉬운 퍼즐을 고루 갖췄다는 점에서 퍼즐 게임의 교과서라고 할 수 있다. (노무라)

PUZZLE 킵 토킹 앤 노바디 익스플로즈(KEEP TALKING AND NOBODY EXPLODES)

194 킵 토킹 앤 노바디 익스플로즈
(KEEP TALKING AND NOBODY EXPLODES)

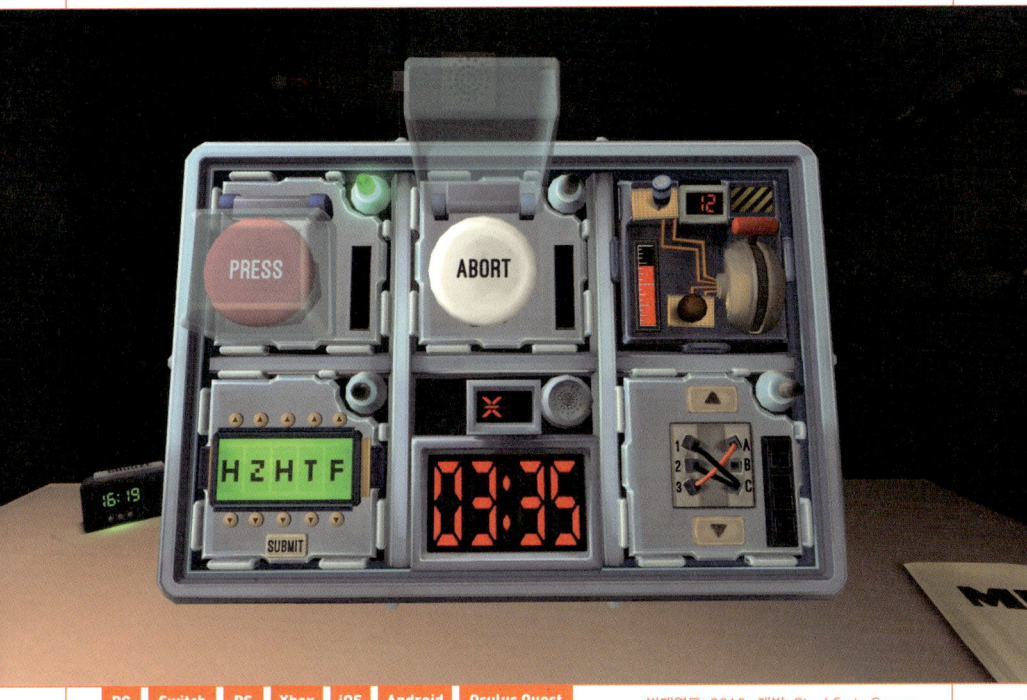

PC | Switch | PS | Xbox | iOS | Android | Oculus Quest   발매연도: 2015 개발: Steel Crate Games

'빨간색 선과 파란색 선, 둘 중에 무엇을 잘라야 할까?' 영화와 드라마의 클리셰인 폭탄 해체 임무를 체험할 수 있는 게임이다. 플레이어는 폭탄 해체 담당자와 해체 방법을 알려주는 전문가로 나뉘어 영화에나 나올 법한 팀플레이에 도전한다. 다만 화면으로 폭탄을 볼 수 있는 사람은 해체 담당자뿐이다. 남은 플레이어는 화면이 아닌 실제 종이에 인쇄된 폭탄 해체 매뉴얼을 보면서 상대방에게 올바른 해체 방법을 알려줘야 한다. "선은 몇 개 있어?" "찾아보면 이러이러한 문구가 적힌 버튼이 있을 거야." 하는 식으로 이야기를 주고받으면서 임무를 완수하자. 하지만 폭탄 전체를 보고 판단해야 하므로 단순히 '무슨 색 선만 자르면 끝'이 아닌 데다가 서로 알 수 있는 정보가 불완전하다는 점에서 방심해서는 안 되는 게임이다. 게다가 말로 표현하기 힘든 모양의 문자가 새겨진 버튼이나 '그래'나 '아니'라고 적힌 버튼처럼 플레이어의 착각을 불러일으키는 함정도 배치되어 있다. 당연히 제한 시간도 있어서 폭탄 해체의 짜릿함과 말 전달하기 게임의 애타는 기분을 동시에 맛볼 수 있다. 폭탄 내용에는 어느 정도 랜덤성이 있어 한번 플레이했다고 끝이 아니라 난이도를 바꾸면서 몇 번이고 즐길 수 있다는 점도 매력적이다. 해체 담당자는 원칙적으로 한 명이지만, 매뉴얼 설명은 여럿이 힘을 합칠 수 있으므로 다 같이 왁자지껄 플레이하는 것도 추천. (치바)

195　POLY BRIDGE

`PC` `iOS` `Switch` `Android`　　　　　　　　　　　　발매연도: 2016　개발: Dry Cactus

'차가 건널 수 있도록 한정된 자재를 활용해 다리를 만들자' '차가 무사히 건널 수 있을지 없을지는 물리 엔진이 실시간으로 판가름한다' 이러한 게임은 오늘날 하나의 장르로 자리 잡았다. 『포탈』(116p)과 콜라보한 작품까지 나올 정도니 말이다. 그중에서도 이 작품은 차가 다리를 건너는 장면을 GIF 형태로 SNS에 올릴 수 있는 기능으로 많은 플레이어를 확보했으며, 이는 '아무리 봐도 다리가 아니지만 차는 어찌어찌 건너편에 도착하는 구조물'이 무수히 쏟아져 나오는 데 일조했다. 이 구조물이 어떻게 생겼는지는 말로 설명하기가 어려우므로 동영상 사이트에서 검색해 보기를 바란다. 아무튼, 다리라고는 할 수 없다. (토쿠오카)

196　FLORENCE

`Switch` `iOS` `Android` `PC`　　　　　　　　　　　　발매연도: 2018　개발: Mountains

「앨리스: 매드니스 리턴즈」와 「모뉴먼트 밸리」의 아트 디렉터로 잘 알려진 오스트레일리아의 켄 윙(Ken Wong)이 개발한 「플로렌스」는 '플레이하는 만화'라고도 볼 수 있는 어드벤처 게임이다. 스물다섯 살 난 플로렌스가 첼리스트인 크리시와 만나 사랑에 빠지고 동거를 시작한다는 흔한 로맨스물이지만, 게임 곳곳에 삽입된 간단한 퍼즐 게임이 이야기의 디테일을 완성한다. 대사와 설명을 최대한 배제한 아트 워크와 게임 디자인은 심플하면서도 게임이라고는 믿기지 않을 만큼 커다란 감정적 경험을 선사할 것이다. 평소 게임과 거리가 먼 사람도 즐길 수 있는 작품이다. (이마이)

197 CLOCKER (CLOCKER 铸时匠)

`PC` `Switch` 발매연도: 2019 개발: Wild Kid Games

시간 조작 퍼즐, 타임 루프, 생이별한 부녀의 이야기. 여기까지 듣고 흥미가 생겼다면 꼭 플레이해 보길 바란다. 퍼즐 풀이는 멈춘 시간 속에서 맵 곳곳에 있는 사람이나 물건의 시간을 움직이거나 되돌리는 아버지의 파트에서 이루어진다. 시간이 멈추면 사물의 움직임도 멈추므로 날아다니던 새의 시간을 조작해 한 줄로 세운 다음 발판으로 이용할 수도 있다. 문제는 시간을 조작할 때마다, 사라진 아버지를 뒤쫓는 딸의 이야기도 바뀐다는 점이다. 퍼즐을 푸는 방법이 여러 가지일 때도 있는데, 무엇을 고르느냐에 따라 현실이 조금씩 달라진다. 게임 플레이와 딸을 구하고 싶었던 아버지, 사라진 아버지를 다시 한번 만나고 싶은 딸의 스토리가 아름답게 얽힌다. (후루시마)

198 TICK TOCK: A TALE FOR TWO

`PC` `Switch` `Android` 발매연도: 2019 개발: Other Tales Interactive

비대칭 협력 게임 중에서는 「킵 토킹 앤 노바디 익스플로즈」(129p)가 유명한데, 「Tick Tock: A Tale for Two」는 현대 디지털 기기를 전제로 야심차게 등장한 작품이다. 시스템 면에서는 플래시 시대를 풍미한 탈출 게임에 가깝다. 하지만 2인 협력 플레이가 기본인 이 작품에서 두 사람의 화면에는 각각 다른 정보가 표시된다. 두 사람은 '자신이 보고 있는 정보'를 공유하고 머리를 맞대며 수수께끼를 푼다. 즉 이 게임을 플레이하려면 어떤 형태로든 보이스 채팅이 가능한 환경이어야 한다. 이에 더해 화면을 손쉽게 촬영할 수 있으면 메모를 남기는 수고가 크게 줄어든다. 물론 화면 사진을 상대방에게 보내서는 안 되겠지만. (토쿠오카)

ROLE-PLAYING

인디 RPG 중에는 많은 상업용 RPG가 잊어버린,
혹은 포기한 무언가를 퍼 올린 다음 새 생명을 불어넣은 작품이 많다.
특히 로그라이크나 핵 앤 슬래시처럼 오래전부터
RPG 덕후들의 가슴을 뛰게 하던 장르의 재약진이 눈에 띈다.
또 하나 놓칠 수 없는 흐름으로는, 어릴 적 일본 RPG를 플레이하며 자란 이들이
그 스타일과 분위기를 계승하면서 새로운 가능성에 도전하고 있다는 점을 들 수 있다.
일본에서는 RPG 쯔꾸르 등을 이용한 프리웨어 RPG 제작이 일종의 문화로 자리 잡았으며,
해외에서는 한때 비하의 의미로 쓰이던 JRPG 장르에 대한 재인식이 이루어졌다.
오늘날 인디 RPG 최고 흥행작은 '외국인이 만드는 JRPG'에서 나오고 있다.

199 UNDERTALE

PC | PS | Switch | Xbox

발매연도: 2015 개발: Toby Fox

'아무도 죽지 않아도 되는 RPG'라는 문구로 잘 알려진 인디 RPG 유수의 흥행작. 언뜻 보면 레트로 JRPG 같지만, 사실 이 작품은 JRPG의 클리셰를 애정 넘치는 손길로 뒤집어 나가는 'JRPG면서 JRPG가 아닌 게임'이다. 유머러스하면서 시니컬하게 그려낸 따뜻한 이야기에서는 『마더』 시리즈에 대한 애착도 느껴진다. 하지만 이 작품은 단순히 '감동적인 이야기'에서 그치지 않고 보다 진지한 주제로 발을 내디뎠다는 점에서 대단하다. 우선 게임을 시작하자마자 '생명을 어떻게 다룰 것인가' 하는 질문을 빈정거리듯이 내던진다. 불살을 지키든 제노사이드로 빠지든 '이걸로 괜찮은 걸까?' 하는 느낌이 게임 곳곳을 떠돈다. 무엇보다도 등장 캐릭터는 일반 몬스터부터 보스에 이르기까지 하나같이 캐릭터가 너무 강해서 통념대로 굴러가는 일 따위 하나도 없다. 모든 수를 총동원해 JRPG의 고질병인 '예정조화와 반복되는 행동으로 인한 지루함'을 피하는 것이다. 맵의 장치만 하더라도 종류가 같은 것은 두 번 다시 나오지 않고, 전투에 이르러서는 적마다 턴마다 다른 미니게임(하나같이 액션성이 높다)을 배치하는 등 수고를 아끼지 않았다. 그야말로 애정 없이는 만들 수 없는 게임. 더군다나 개발자인 토비 폭스는 작곡가이기도 해서 「언더테일」을 통해 JRPG에 대한 동경에 오늘날이기에 낼 수 있는 질감을 교묘하게 섞은 포스트 칩튠을 선보였고, 이 역시 높은 평가를 받았다. (h)

200 EPIC BATTLE FANTASY

PC   발매연도: 2018   개발: Matt Roszak

JRPG 덕후가 만든, JRPG 덕후를 위한, 오타쿠 JRPG. 게이머라면 공감할 만한 유머가 난무하는 외국산 JRPG 시리즈다. 전투 파트에서는 버프와 디버프가 폭풍처럼 몰아치고 필살기가 화려하게 내려꽂힌다. 노려라, 일격 대미지 1,000만! 필드 파트에는 600개 이상의 보물 상자가 있으며, 로직 퍼즐과 비밀 통로가 앞을 가로막는다. 남김없이 풀어 버리자! JRPG 마니아도 고개를 끄덕일 만한 완성도를 기반으로 캐릭터들의 겜덕후 토크가 빛을 발한다. 별것 아닌 잡담이 쌓이면서 파티가 끈끈해지는 모습은 보기만 해도 흐뭇해진다. 여정의 종착지에서 명작 JRPG에 바치는 리스펙트로 거듭난, 외국산 JRPG 역사에서 빼놓을 수 없는 마일스톤이다. (노무라)

---

201 VIRGO VERSUS THE ZODIAC

PC   발매연도: 2019   개발: Moonana

처녀자리의 화신 버고는 황금기를 재건하고 사랑하는 파이시즈를 구하기 위해 다른 황도 12궁의 화신들에게서 왕관을 빼앗아야 한다. 별자리와 신화가 모티프인 세계관에 소녀들의 사랑 이야기가 한가득 담겨 있다. 톡톡 튀면서 귀여운 아트워크, 장면과 함께 기억에 남는 BGM, 대중문화에서 유래한 농담을 곁들인 대화. 하나같이 말랑말랑한 분위기를 자아내는 데 이바지하지만, 스토리 자체는 질척질척한 애증극이다. 무조건 QTE를 성공해야 하는 고난도 커맨드 배틀로 피할 수 없는 불화와 살의를 연출했다. 멀티 엔딩을 전부 깨고 나면 나오는 대사가 슬픈 진실을 보여준다. 세계, 존엄, 혹은 파이시즈. 버고는 무엇을 고를 것인가. (노무라)

202 RUINA 페도의 이야기 〔RUINA 廃都の物語〕

PC 발매연도: 2008 개발: Karekusa Shokichi

RPG 쯔꾸르 시리즈 중에서도 'RPG 쯔꾸르 2000'은 2000년대부터 2010년대 초반을 대표하는 프리웨어 게임들을 만들어낸 게임 제작 소프트웨어다. 그중에서도 이 작품은 TRPG를 참고한 던전 탐색형 RPG로서 높은 평가를 받았다. 일반적인 RPG와 달리 맵은 존재하지 않고, 플레이어는 던전 곳곳을 조사하면서 앞으로 나아가야 한 다. 전반적으로 자유도가 높으며 전투 외에도 다양한 이벤트가 발생한다. 전투는 정석에 가까운 턴제이지만, 개성적인 캐릭터를 활용해 어떻게 파티를 짜느냐에 따라 전투와 탐색의 난도가 바뀐다는 점이 흥미롭다. 당시 RPG 쯔꾸르로 만들어진 프리웨어 게임 중에서도 유난히 텍스트와 세계관에 집착한 작품이다. (이마이)

203 편도 용자 〔片道勇者〕

PC **Switch** 발매연도: 2012 개발: SmokingWOLF

턴제인데 강제 횡스크롤이라는 점에서 다소 독특한 로그라이크. 화면 밖으로 사라진 맵으로는 다시 돌아갈 수 없는 탓에 플레이어는 매번 선택의 갈림길에 선다. 이로 인해 정통파 로그라이크와 비교했을 때 빠른 템포로 진행할 수 있는 게임이 되었다. 최종 보스를 만나는 데 걸리는 시간은 매번 30분~1시간 정도로 길지 않다. 하지만 전략성과 깊이도 놓치지 않아서 파고들기 요소나 해금 요소도 꽤 많다. 16비트 시대의 명작 『이상한 던전』 시리즈를 떠올리게 하는 비주얼과 인터페이스 덕분에 금방 익숙해질 것이다. 확장판 「편도 용자 플러스」는 유료지만, 무료 버전도 충분히 재미있으므로 무료 버전부터 천천히 즐겨 보길 바란다. (h)

204 다키스트 던전 (DARKEST DUNGEON)

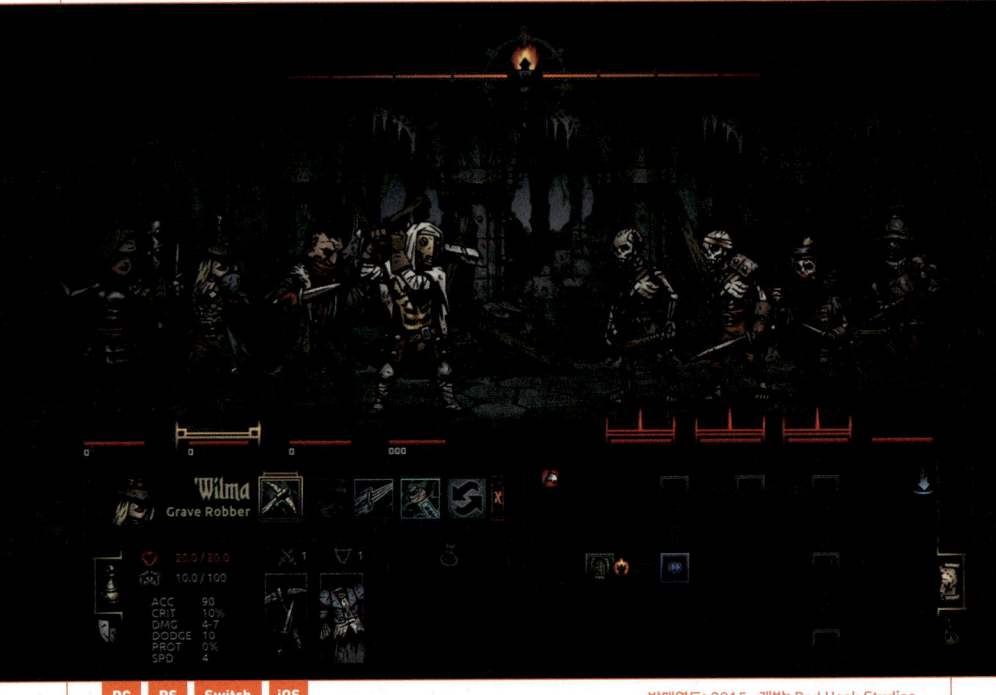

PC | PS | Switch | iOS   발매연도: 2015 개발: Red Hook Studios

공략률 10% 미만. RPG 장르에서 유례를 찾기 힘든 킬 스코어를 자랑하는 던전. 혼돈보다 어두운 땅에서 희망과 관솔불이 그 빛을 다했을 때 공포와 맞서는 광기가 시험대에 오른다. 아무리 단련된 모험가라 해도 던전으로 향하는 발걸음은 무겁고, 죽음에 대한 예감은 시시각각 스트레스로 다가온다. 그러다가 정신적으로 한계에 부딪히면 히스테리에 휩싸여 자해를 시도하고, 이를 본 동료들도 공포심에 움츠러든다. 공포가 전염되어 모두 죽음에 이르는 것이다. 그러니 던전 공략 경험을 쌓게 한 다음 마을에서 정성껏 간호하자. 높은 보수에 혹한 신입 모험가를 던전에 내던지고, 부상자를 내치고, 소질 있는 자만 육성해 최종 목표인 '다키스트 던전' 공략 멤버를 선정하자. 게임을 하다 보면 괴물과 싸우는 플레이어도 괴물을 닮아간다. 작중 내레이션을 통해 플레이어의 본심을 파악하고 폭거를 멈추려 할 때는 이미 늦었다. 공략이라는 이름의 광기는 한번 움직이면 다시는 원래대로 돌아갈 수 없다. 공포와 맞서 싸워 이기는 광기의 공략성과 중독성, 그리고 상징적인 아트워크는 수많은 마니아를 확보했다. 「다키스트 던전」은 성공적인 게임 개발 사례로도 잘 알려져 있다. 정식 발매 전 크라우드 펀딩과 얼리 액세스로 연마를 거듭하고 PC 버전으로 실적을 쌓은 다음 다른 기종으로 진출한다는, 지금은 하나의 공식으로 자리 잡은 로드맵을 확립했다. 여러모로 이후에 나온 게임에 많은 영향을 준 작품이다. (노무라)

205 ELONA: ETERNAL LEAGUE OF NEFIA

PC 발매연도: 2007 개발: Noa

프리웨어 게임만이 갖는 매력으로 가득한 로그라이크 RPG의 이단아다. 플레이 데이터를 저장 및 로드할 수 있고, 캐릭터가 죽더라도 세이브 지점에서 부활할 수 있다. 또한 맵 역시 고정 및 자동 생성 타입 모두 갖추는 등 '로그라이크 RPG에서 볼 수 있는 시스템을 전부 활용한 RPG'에 가깝다. 하지만 이 작품은 다른 의미로도 '일반적인 RPG'와 동떨어져 있다. 메인 시나리오는 존재하지만 실제로 무엇을 할지는 플레이어 마음이다. 집을 짓거나 가게에서 장사를 해도 되고, 악당으로서 이름을 떨칠 수도 있다. 자유도와 파고들기 요소가 한도 끝도 없는 대신 문턱이 약간 높다는 것이 단점 아닌 단점. 유저 모드도 다양해서 모드 제작자 입장에서도 무한히 즐길 수 있다. (토쿠오카)

---

206 GRIM DAWN

PC Xbox 발매연도: 2016 개발: Crate Entertainment

다른 세계에서 들이닥친 괴물이 인간과 동물을 납치하고, 사교를 숭배하는 집단이 마수를 뻗치면서 세상은 혼란에 빠졌다. 괴물에게 납치당한 주인공은 처형당하기 직전 간신히 자아를 되찾는다. 세계를 구하기 위한 주인공의 여정은 여기서 시작된다. 유명 핵 앤 슬래시 게임 개발진이 독립해 오랜 개발 끝에 선보인 「그림 던」은 핵 앤 슬래시 장르에서도 손에 꼽을 만한 걸작이다. 두 개의 클래스를 조합하고 장비를 고른 다음 더 나아가 디보션(별자리) 스킬이라는 공통 스킬 트리로 자기만의 빌드를 짜 보자. 무한대에 가까운 빌드가 전투와 아이템 수집을 즐겁게 한다. 어두운 세계관과 스토리도 매력적. 한번 빠지면 시간 가는 줄 모르고 플레이하게 될 것이다. (요나시)

207 토치라이트 (TORCHLIGHT)

PC Xbox

발매연도: 2009 개발: Runic Games

핵 앤 슬래시 액션 RPG의 금자탑 「디아블로 2」에서 영감을 받은 스탠다드 ARPG. 성별에 따라 고정된 직업과 캐릭터마다 스킬 트리가 세 종류 있다는 부분에서 「디아블로 2」의 흔적을 느낄 수 있다. 게임 전개 역시 핵 앤 슬래시의 정석과 같아서 아이템 수집부터 레벨링까지 핵 앤 슬래시의 고향에 간 기분으로 플레이할 수 있는 작품이다. 후속작인 「토치라이트 2」는 캐릭터 빌드의 폭이 넓어져 한도 끝도 없이 파고들 수 있는 게임이 되었다(다만 이후에 나온 3탄은 미묘한 부분이 많아서 업데이트가 필요해 보인다). "I can't carry anymore"와 함께 오늘도 땅속을 파고들어 보자. (토쿠오카)

208 HERO SIEGE

PC iOS Android

발매연도: 2014 개발: Elias Viglione, Jussi Kukkonen

「디아블로」 계열 핵 앤 슬래시의 표층만 캐주얼하게 벗겨낸 다음 로그라이크 요소를 가득 담아 16비트 고전 게임풍 액션 RPG로 완성한 작품. 사실 발매 당시에는 지금과 완전히 다른 스테이지 클리어 타입 아레나 배틀물이었다. 증축에 증축을 거듭한 끝에 현재 게임 양식에 이르렀기 때문에 전체적으로 다소 난잡하다. 스토리가 거의 없다시피 해서 단순 노동을 하는 느낌도 든다. 하지만 이 작품의 묘한 중독성은 단점을 상쇄하고도 남는다. 어마어마하게 큰 무기를 휘둘러서 적을 훅훅 쓰러뜨리는 호쾌함, 화력으로 밀어붙이는 레벨 디자인, 단순하지만 핵심은 짚고 넘어가는 스킬 트리 구성. 묘한 중독성의 정체는 정통 핵 앤 슬래시에 없는 불량식품 같은 매력 아닐까. (h)

209 HADES

PC | Switch | PS | Xbox 발매연도: 2020 개발: Supergiant Games

저승의 신 하데스의 아들인 자그레우스 왕자가 되어 지옥에서 탈출하는, 장대한 가출 액션 게임이다. 출발 지점인 하데스의 궁전에서 여러 가지 무기(기본적인 공격 스타일을 결정) 중 하나를 고를 수 있고, 탈출 도중 그리스 로마 신화 속 신들의 가호를 받아 다양한 스킬을 익히므로 플레이 스타일의 폭이 넓다. 중간에 죽으면 하데스의 궁전으로 되돌아가지만 플레이 과정에서 얻은 리소스로 자그레우스의 기본 성능을 높일 수 있다. 다만 맵이 랜덤으로 생성되고 가호를 내리는 신도 무작위로 등장하므로 플레이할 때마다 공략법이 달라진다. 액션에서 느껴지는 손맛도 찰져서 액션 로그라이크 마니아라면 지나칠 수 없는 작품이다. (토쿠오카)

210 켄시 (KENSHI)

PC 발매연도: 2013 개발: Lo-Fi Games

황폐해진 세계 속에서 특별한 재능도 운명도 없이 '보통 사람'으로 태어난 캐릭터를 조종해 무사히 살아남는 것이 첫 번째 목표이자 궁극적인 목표인 작품. 게임은 아무런 목표도 제시하지 않으므로 어떻게 살든 플레이어 마음이다. 장르 면에서는 RPG와 RTS가 섞여 있다. 착실히 돈을 벌고 스킬을 갈고닦아 동료들과 거점을 구축하거나, 장비를 제작하거나, 로스트 테크놀로지를 찾아 모험을 떠나거나, 적 거점을 덮치거나 반대로 적의 공격을 받는 등 다양한 일을 할 수 있다. 하지만 게임 속 세계는 무척이나 가혹하고 매정하니 시작 지점에서 몇 번이고 좌절하는 것쯤은 미리 각오해 두기를. (토쿠오카)

211 천수의 사쿠나히메 [天穂のサクナヒメ]

| PS | Switch | PC |

발매연도: 2020 개발: Edelweiss

소녀의 모습을 한 풍양신 사쿠나히메가 일본 신화풍 이세계를 휘젓고 다니면서 농사를 짓는다. 『목장이야기』(마벨러스, 1996)를 떠올리게 하는 슬로 라이프와 연속 공격을 구사하는 사이드 스크롤 액션 게임이라는 반대되는 시스템을 오고 가지만, 두 시스템 모두 완성도가 높고 억지로 갖다 붙인 느낌이 없다는 점에서 전문가의 솜씨를 엿볼 수 있다. 주인공은 벼가 풍작일수록 강해지며, 게임 속 벼농사는 논갈이부터 탈곡에 이르기까지 농사의 모든 것을 체험할 수 있는 벼농사 시뮬레이터로, 잘 만든 교육용 소프트웨어라고 해도 믿을 정도다. 모를 하나씩 심다 보면 귀찮다는 생각도 들 테지만 벼농사는 원래 힘들고 고단한 법(대충 할 수도 있기는 하다). (h)

212 펀치 클럽 (PUNCH CLUB)

| PC | Android | iOS | Xbox | PS | Switch |

발매연도: 2016 개발: Lazy Bear Games

아버지의 뒤를 따라 격투가의 길로 들어선 주인공. 이 게임은 격투 기술을 갈고닦아 정점을 노리는 롤플레잉 게임이다. 게임을 시작할 때만 해도 주인공은 몸도 기술도 갖추어지지 않은 햇병아리다. 힘, 내구력, 민첩이라는 세 가지 패러미터는 서로 영향을 미치므로 하나를 높이면 다른 하나가 낮아진다. 균형 잡힌 훈련으로 최강의 몸과 기술을 손에 넣자. 살아가려면 일도 필요하고 휴식도 필요한 만큼, 한정된 시간을 얼마나 효율적으로 사용하느냐가 승부를 가린다. 스토리가 여러 갈래로 나뉘므로 정식 리그전에서 챔피언을 목표로 할 수도 있고 뒷골목을 주름잡을 수도 있다. 주먹 하나로 자신의 삶을 개척해 보자. (요나시)

인디의 자유
게임이 성소수자를 묘사하는 법
글: 키즈 츠요시

요즘 대중문화에서는 성소수자에 관한 묘사가 늘어나고 또 다양해지고 있지만, 게임 신에서는 어떨까.

이와 관련해 상징적인 사건으로 닌텐도 DS 게임 「토모다치 콜렉션 신생활」을 둘러싼 논쟁을 꼽을 수 있다. 「토모다치 콜렉션 신생활」은 아바타를 만들어 가상의 섬에서 살게 하는 게임인데, 어떤 성소수자 플레이어가 게임 내에서 동성 결혼이 가능했으면 좋겠다는 의견을 제시했다. 하지만 닌텐도는 "게임 내에서 어떤 형태로든 사회적 주장을 내세울 생각은 없다"라는 답변을 내놓았다. 이 답변이 물의를 일으키자 닌텐도는 사죄를 표명하고 다음 작품에서는 "더 많은 플레이어를 표현할 수 있도록 노력하겠다"라고 밝혔다.

닌텐도의 첫 번째 답변이 화제가 된 것은 '게임 속에서 동성결혼을 하고 싶다'라는 목소리는 한 플레이어의 바람일 뿐 사회적 주장이라고는 볼 수 없었기 때문이다. 게임 속에서 이성끼리는 결혼할 수 있는데 동성끼리는 할 수 없다, 이처럼 눈에 보이는 불평등에 대한 당사자의 불만이다. 물론 이 사건이 일어난 2014년 미국에서는 동성혼이 합법화를 앞두고 있었고, 동성혼을 둘러싼 시시비비가 사회적 이슈였다는 사실은 분명하다. 대기업 입장에서는 어떠한 종류든 간에 '사회적 주장'과 엮이고 싶지 않은 것도 이해 못 할 일은 아니다.

LGBTQ 게이머 교류 행사 '게이머엑스(GaymerX)'를 주최하는 미국 미드보스(MidBoss)의 리드 아티스트 JJ Signal은 이런 이야기를 해 주었다. "대형 게임 유통사가 난색을 보이는 메시지도 인디 신에서는 자유롭게 다룰 수 있다."

앞서 이야기한 동성혼을 예로 들자면, 외국에서는 대형 타이틀이라 하더라도 플레이어블 캐릭터가 동성 캐릭터와 연애는 물론 결혼도 할 수 있는 게임이 부쩍 늘어났다. 이는 사회 변화를 반영하는 움직임이자, 성소수자 플레이어를 배려하는 노력일 것이다. 하지만 인디 신에는 성소수자에 관한 묘사를 '배려' 수준에서 그치지 않고 게임의 주제나 모티프로 녹여낸 작품이 적지 않다. JJ Signal이 말한 '인디 신의 자유'는 이러한 흐름에서 이해할 수 있다.

1인칭 시점 어드벤처 게임 「곤 홈(Gone Home)」에서는 라이엇 걸(1990년대 페미니즘 펑크 무브먼트) 밴드가 이야기의 중요한 요소로 작용한다. 어떠한 캐릭터가 레즈비언이라는 사실을 긍정하게 되는 열쇠인 것이다. 이는 당시 라이엇 걸이 성소수자의 권리를 주장한 사실과 관련이 깊다. 다시 말해 '사회적 주장'이 담겨 있다. 「곤 홈」은 2013년 출시되었는데, 이 무렵 미국에서는 성소수자의 권리를 주장하는 목소리가 부쩍 높아졌다. 실제로 「곤 홈」이 성소수자를 다루는 방식은 언론으로부터 높은 평가를 얻었고 「곤 홈」은 게임이 여성과 소수자를 어떻게 그릴지에 대한 기준이 되었다.

'사이버펑크 바텐더 액션'이라는 부제가 붙은 베네수엘라 게임 「VA-11 Hall-A」(2016년) 역시 LGBTQ를 다룬 작품 중 상징적인 존재다. 머지않은 미래인 207X년을 배경으로 하는 「VA-11 Hall-A」에는 다양한 성별 정체성과 성적 지향을 지닌 캐릭터가 당연하다는 듯이 등장하고, 또 자연스러운 일처럼 그려진다. 오래전부터 근미래 SF는 성소수자의 자유를 그리는 무대가 되어 왔다. 수십 년 뒤에는 다양한 성이 인정받으리라고 여겨지기 때문일 것이다. 「VA-11 Hall-A」는 이러한 장르적 문법을 답습하는 동시에 성소수자로서 살기 힘든 베네수엘라 사회에 대한 메시지도 담고 있다.

해로운 남성성(toxic masculinity)을 벗어던지는 중년 남성과 싱글 대디 간의 연애를 포근하게 그려낸 비주얼 노벨 게임 「드림 대디(Dream Daddy)」(2017년). 게이 커플과 트랜스젠더 캐릭터가 당연하다는 듯이 등장하는 한편 주인공의 우울증을 몽환적으로 묘사한 어드벤처 게임 「나이트 인 더 우즈(Night in the Woods)」(2017년). 구체적인 사례를 들자면 끝이 없을 것이다. 이러한 인디 신의 명작들은 성소수자 캐릭터를 현실적이고 생동감 넘치게 그렸으며, 주제 면에서는 한층 더 깊숙이 발을 들이밀었다. 이는 개발자의 생각을 반영하기 쉬운 인디게임이기에 가능한 일 아닐까.

게임 문화는 오랫동안 '(시스젠더 헤테로섹슈얼인) 남자를 중심'으로 굴러갔다. 하지만 알고 보면 여성과 성소수자 플레이어도 적지 않다. 게다가 성소수자의 존재가 사회적으로 알려지기 시작한 오늘날에는 더욱 다양한 플레이어의 생각이 반영되어야 하지 않을까. '사회적 주장'을 외면하지 않았기에 인디게임은 가치관의 전진에 이바지할 수 있었다.

# 그래서 인디게임은 무엇인가
그 역사를 되돌아보다(1)

글: 이마이 신

 이 책을 읽는 독자라면 당연히 인디게임에 관심이 많으리라고 본다. 하지만 새삼 '인디게임은 무엇인가?' 하는 질문을 받으면 애매한 대답만 떠오를 것이다. 실망하지 마시라. '인디게임의 정의'는 이 책의 집필진에게도 무척 어려우면서 의견이 분분한 문제이기 때문이다. 따라서 이번에는 인디게임의 역사와 배경을 간단히 짚어보면서 필자의 생각을 이야기해 보려고 한다. 모든 집필진이 동의하는 견해는 아니지만, 리스트 방식으로는 파악하기 힘든 전체상을 그리는 데 도움이 되었으면 한다.

 비디오 게임은 대학 내 연구기관과 오락 시설에서 처음으로 생겨났는데, 당시만 해도 인디게임이라는 개념은 존재하지 않았다. 변화는 1970년대 말 개인용 컴퓨터와 가정용 게임기 시장이 확립되고 오늘날 PC에 해당하는 PC/AT 호환기가 등장하면서 찾아왔다. 이후 세계 곳곳에서 소규모 소프트웨어 개발이 이루어졌으며, 인디게임의 선사시대가 시작되었다.

 일본에서는 개인용 컴퓨터 잡지를 중심으로 『드래곤 퀘스트』를 낳고 기른 호리이 유지와 나카무라 코이치를 비롯한 개인 작가가 나타났다. 코에이 테크모 게임즈 산하 시부사와 코우나 니혼팔콤 등 오늘날 빼놓을 수 없는 게임 메이커도 이때 탄생했다. 한편 북미에서는 『포트나이트』와 언리얼 엔진을 통해 대기업으로 성장한 에픽게임즈의 팀 스위니가 자작 게임 카탈로그 판매를 시작하고, 이드 소프트웨어(id Software)가 FPS 장르를 창시한 작품인 『둠』을 셰어웨어로 내놓았다.

 하지만 1990년대 이전 개인이나 소규모 팀에서 개발한 작품은 아무리 자기자본과 자체판매를 기반으로 했더라도 인디게임이라고 보지 않는다. 그들은 산업 성장기에 새롭게 진입한 데다가 지금은 주류 게임 메이커로 거듭났기 때문이다. 따라서 일반적으로 인디게임을 정의할 때는 2000년대 이후에 나온 작품만 가리킨다.

 그렇다면 2000년대 이후 개인이나 소규모 팀에서 개발한 작품을 인디게임으로 특징짓는 요소는 무엇일까? 필자는 온라인 판매망 확립, 게임 엔진 보급, 커뮤니티에서 형성되는 가치관이라는 세 가지를 들고 싶다.

(173p에서 계속)

STRATEGY

'전략 게임' 하면 전쟁 시뮬레이션이 가장 먼저 떠오를 것이다.
하지만 이 책에서는 그 의미를 넓혀서 건설물이나 경영물처럼
장기적이면서 거시적인 매니지먼트가 이루어지는 게임 전반을 다루려고 한다.
인디 신에서는 '경영+교육'이나 '식민지 건설+스토리텔링' 등
다양한 요소를 조합하는 식으로 새로운 영역을 개척하는 게임이
종종 나오고 있고, 이러한 화학 반응은 멈출 기미를 보이지 않는다.
디스토피아 사회나 과학사처럼 지금까지 누구도 소재로 삼지 않았던 무대를
휘젓고 다닐 수 있다는 점도 특징이리라.
이러한 점에서 전략 게임은 단편적인 정의로는 가늠할 수 없는
복잡한 세계를 표현하는 도구가 되기도 한다.

STRATEGY 루세티아~아이템 가게를 시작하는 방법~(ルセッティア~アイテム屋さんのはじめ方~) | 디스 이즈 더 폴리스 (THIS IS THE POLICE)

213 루세티아~아이템 가게를 시작하는 방법~
[ルセッティア~アイテム屋さんのはじめ方~]

`PC` 　　　　　　　　　　　　　　　　　　　발매연도: 2007 개발: EasyGameStation

루세트는 어느 날 생각지도 못한 큰 빚을 지게 된다. 망연자실한 루세트의 앞에 나타난 사채업자 요정 티아는 아이템 가게를 열 것을 제안한다. 이 게임은 루세트가 되어 빚 청산을 목표로 아이템 가게를 운영하는 경영 RPG다. 무기, 방어구, 빵, 가구, 그리고 전설의 무기에 이르기까지 뭐든 팔아 치우자. 물건은 도매상에서 사들이거나 모험가와 함께 던전에 가서 구하면 된다. 던전 탐색은 액션 타입이라 다양한 플레이를 즐길 수 있다. 하지만 어디까지나 메인은 '경영'이다. 눈덩이처럼 불어나는 빚을 갚으려면 시세를 잘 살피다가 아이템을 비싸게 팔아야 한다. 손님의 주머니 사정을 파악하면서 가격을 협상하는 것도 중요하다. (요나시)

214 디스 이즈 더 폴리스 (THIS IS THE POLICE)

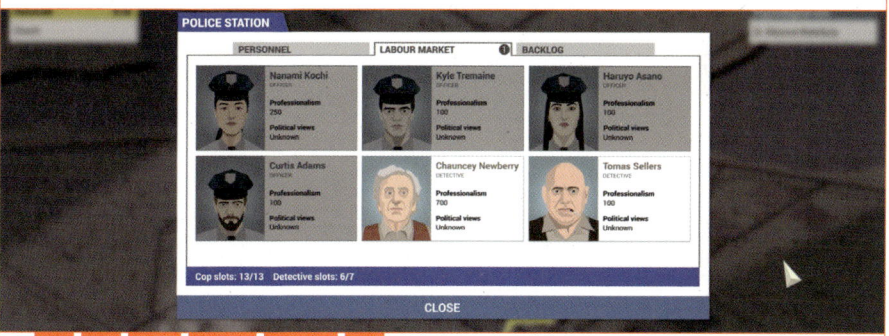

`PC` `PS` `Xbox` `Switch` `Android` `iOS` 　발매연도: 2016 개발: Weappy Studio

부패한 도시 프리버그의 경찰서장이 되어 경찰들을 관리하는 전략 어드벤처 게임이다. 경찰서장인 잭(60세)은 180일 뒤 퇴직할 예정이라 그 전에 50만 달러를 모으는 것이 목표다. 플레이어는 시내에서 사건이 발생할 때마다 경찰 팀을 보내고 그 결과를 확인하면 된다. 하지만 시장은 말도 안 되는 요구를 하고, 마피아는 뇌물(내지는 협박)을 들이밀며 협력을 강요하고, 신문사는 꺼림칙하고, 아무튼 하루하루가 다사다난하다. 악에 물든 마을에서 '최선을 다한다는 것'은 무엇일까? 나이 든 악덕 경찰서장의 타성과 절망을 감상할 수 있는 명작이다. (토쿠오카)

145

215 로보토미 코퍼레이션 (LOBOTOMY CORPORATION)

PC 발매연도: 2018 개발: Project Moon

이곳은 괴물이나 신비로운 아이템처럼 '환상체'라고 불리는 초현실적인 존재로부터 에너지를 추출하는 기술을 확립한 로보토미社다. 플레이어는 로보토미社의 관리자가 되어 환상체를 제어해야 한다. 이 작품은 인터넷 문화인 'SCP 재단'에서 아이디어를 얻은 리스크 매니지먼트 게임이다. 환상체에서 에너지를 추출하려면 어느 정도 힘을 발현시켜야 한다. 직원들을 격리실로 집어넣어 환상체와 맞서게 하자. 하지만 작업을 잘못 고르면 환상체는 자신의 힘을 100% 해방하며 이빨을 드러낸다. 환상체는 각각 관리 방법이 다르므로 시행착오를 거듭하며 알아내야 한다. 물론 환상체가 날뛰기 시작했을 때 즉각 진압하는 것도 중요하다. (요나시)

216 식용계소녀 FOOD GIRLS (食用系少女 FOOD GIRLS)

PC Switch 발매연도: 2019 개발: SimonCreative, STORIA

대만에 있는 오래된 야시장. 석 달 뒤에 있는 평가를 통과하지 못하면 야시장은 사라지고 만다. 플레이어는 이러한 야시장의 의뢰를 받아 찾아온 경영 컨설턴트다. 육성물이자 연애물인 이 작품에서 주인공은 루루가게의 의욕 없는 루루, 버블티 가게의 콧대 높은 마도카, 지파이 가게의 순진한 히카리와 가까워지면서 세 가게를 야시장의 대표 음식점으로 키워야 한다. 고전적인 육성 게임이지만 성장 밸런스를 고려하지 않으면 적자가 되는 등 경영 게임 요소도 있어서 꽤 어렵다. 대만 전통음식 의인화 기획의 일환으로 제작된 게임이며, 대만 현지에서는 헌혈 콜라보나 관광 이벤트도 진행될 만큼 인기가 많다. (요나시)

217 스피릿페어러 (SPIRITFARER)

`PC` `PS` `Switch` `Xbox` `그외` 발매연도: 2020 개발: Thunder Lotus Games

길 잃은 영혼을 안내하는 카론의 후계자가 된 주인공 스텔라가 신비로운 세계를 돌아다니며 다양한 영혼(의인화된 동물들)을 만나 그들의 한을 풀어주고 저승으로 인도하는 어드벤처 매니지먼트 게임이다. 게임 속 세계는 드넓은 바다와 여러 섬으로 이루어져 있어 스텔라는 바다를 떠다니는 배의 선장도 된다. 배 위에는 객실이나 주방과 같은 건물을 지을 수 있는데, 게임이 진행될수록 그 규모는 조그만 마을을 방불케 할 만큼 커진다. 스텔라는 세계를 여행하면서 다양한 아이템과 음식을 만들고, 배에 탄 영혼들의 부탁(=퀘스트)과 고민을 들어준다. 방황하는 영혼과의 만남과 교류, 그리고 이별이 인상적인 작품이다. (토쿠오카)

218 REIGNS

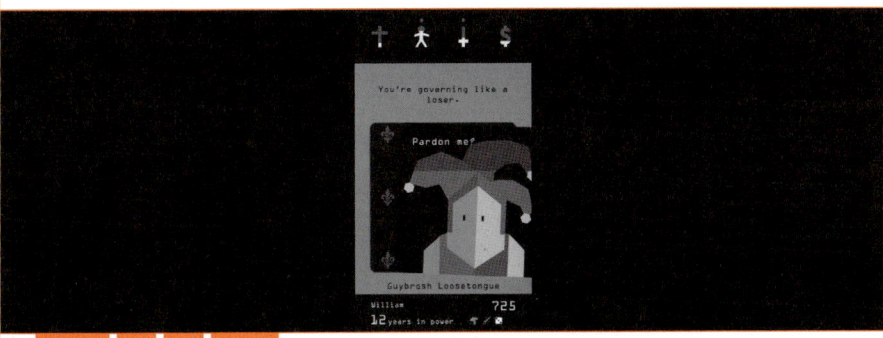

`Android` `iOS` `PC` `Switch` 발매연도: 2016 개발: Nerial

중세 군주가 되어 나라를 통치하는 게임이다. 플레이어는 신앙, 민심, 병력, 자본이라는 네 가지 세력의 균형을 지킬 수 있도록 적절한 판단을 내려야 한다. 나라의 상황은 카드 형태로 표시되므로 어떻게 대처하면 좋을지 두 가지 선택지 중 고르면 된다. 플레이어의 결정은 네 가지 세력 각각에 영향을 준다. 어느 한 세력이 너무 커지거나 너무 작아지면 군주의 자리가 위태로워진다. 지방 통치를 맡긴 귀족이 반란을 일으키는 등 별것 아닌 결정이 나비효과를 불러일으키기도 한다. 던전 탐험과 같은 모험과 기사나 괴물을 상대로 하는 전투가 발생하기도 한다. 게임 자체는 복잡하지 않지만, 군주라는 자리의 무게를 느낄 수 있는 작품이다. (토쿠오카)

STRATEGY 비홀더(BEHOLDER) | 스타듀 밸리(STARDEW VALLEY)

219 비홀더 (BEHOLDER)

`PC` `Android` `iOS` `PS` `Xbox` `Switch` 발매연도: 2016 개발: Warm Lamp Games

무대는 디스토피아의 극한과도 같은 전체주의 국가. 플레이어는 체제 측에 붙어 감시자로서 '반동분자'를 색출해야 한다. 아파트 관리인이 되어 세입자들이 국가에 칼을 겨누지는 않는지 감시 카메라를 통해 24시간 내내 지켜보고 필요에 따라서는 정부에 알리는 것이다. 정부가 요청하면 반동분자가 위법행위를 하는 증거를 제출하기도 한다. 주인공은 아내와 두 아이를 먹여 살리는 가장이기도 한데, 국가에 대한 헌신과 가족의 행복이 늘 양립하지는 않는다. 기본 UI에 이해하기 힘든 부분이 있으므로 실황 플레이 영상으로 가볍게 예습하는 것도 좋은 방법. 번역에 다소 아쉬운 점이 있어 영어로 플레이하는 쪽을 추천한다. (토쿠오카)

220 스타듀 밸리 (STARDEW VALLEY)

`PC` `PS` `Xbox` `Switch` `iOS` `Android` `그 외` 발매연도: 2016 개발: ConcernedApe

『목장이야기』의 영향을 받아 농장을 무대로 한 건설 경영 시뮬레이션. 기본적으로는 캐릭터를 움직여 밭을 갈고 수확한 작물을 돈으로 바꾸고 그 돈으로 농장을 확장한 다음 다시 밭을 갈면 된다. 하지만 농사 말고도 가축을 기르거나 동굴에서 광석을 캐거나 무기를 만들어 몬스터와 싸우거나 강이나 바다에서 낚시를 하는 등 다양한 일을 할 수 있다. 또한 배우자를 찾아서 가정을 꾸릴 수도 있다. 멀티 플레이도 가능하므로 친구와 함께 농장을 키워 보자. PC 버전은 다양한 모드가 있고 모드를 직접 만들기도 쉬워서 게임 커스터마이징을 즐길 수 있다. DLC를 발매하는 대신 대규모 업데이트를 이어 간다는 점에서도 주머니 사정에 대한 배려가 돋보인다. (토쿠오카)

STRATEGY RIMWORLD

221 RIMWORLD

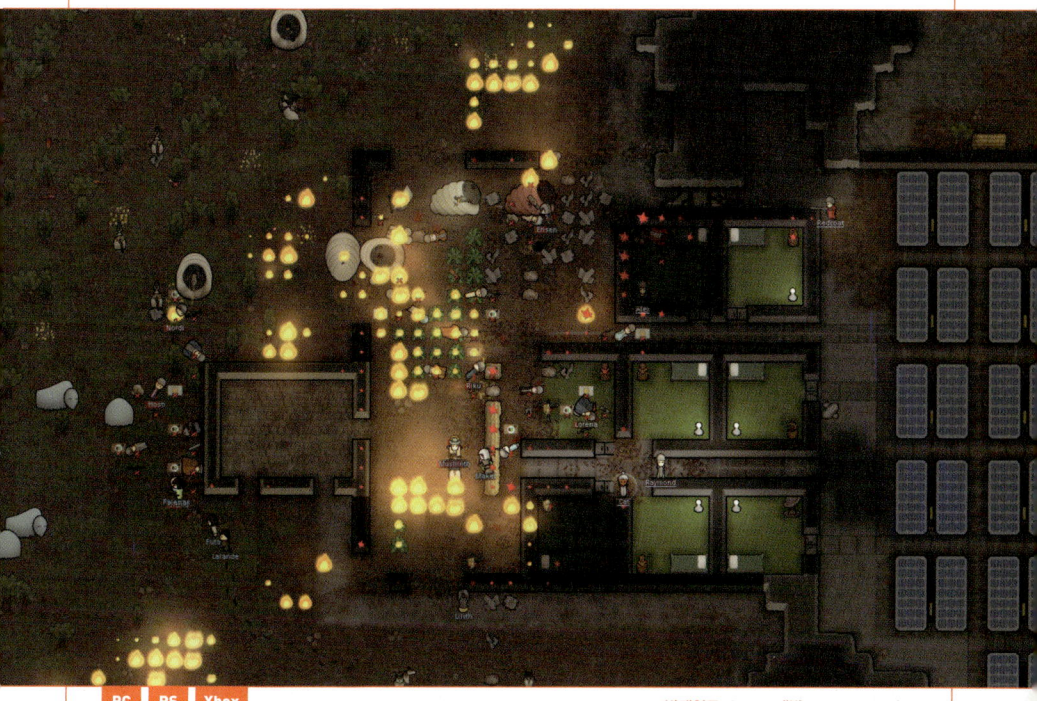

PC PS Xbox

발매연도: 2018 개발: Ludeon Studios

우주선 사고로 외딴 행성에 불시착한 여행자들은 살기 위해 감자밭을 일구고 알파카를 키우고 밤마다 하늘 너머에 있는 고향을 그리며 잠든다. 어서 오세요, 림월드로. 옷 입은 오뚝이처럼 생긴 정착민들은 일상에서 조그만 기쁨을 찾아내면서 열심히 일하고 살림을 가꾼다. AI가 조종하는 정착민들은 의식주를 충족하기 위해 자기 뜻대로 움직이고, 플레이어는 이들에게 일의 우선순위를 배정할 수 있다. 정착민들의 개성을 파악한 다음 마을 제일가는 나무꾼, 유일한 의사, 유명 셰프에게 일거리를 주고 거주 환경을 개선하자. 강도 높은 노동부터 불결한 환경, 영양가라고는 없는 식사, 퀴퀴한 침실, 연애 문제가 얽힌 인간관계까지. 마음 돌봄에 소홀하면 가혹한 서바이벌 앞에 무릎 꿇고 말지도 모른다. 그리고 이러한 위기는 수면 아래에서 가지를 뻗치다가 도둑이나 병충해의 습격과 같은 사건으로 모습을 드러낸다. 꼬리에 꼬리를 물고 닥쳐오는 사건에 시달린 끝에 마을은 엉망진창이 되고 한 사람씩 죽음을 맞이한다. 이는 정해진 길을 따라 복선을 회수한, 어떻게 보면 최고의 파국이다. 플레이를 시작하는 순간 게임 메카닉스가 자동으로 만들어내는 일일 드라마로 잠들지 못하는 나날을 보낼 것이라고 장담한다. 사운드를 제외하고 혼자 힘으로 개발한 게임이지만, 5년에 걸친 얼리 액세스 기간 중 판매량 100만 장을 달성했다. 그야말로 2010년대 인디게임 개발의 본보기다. (노무라)

STRATEGY FACTORIO | 데이 아 빌리언즈(THEY ARE BILLIONS)

222 FACTORIO

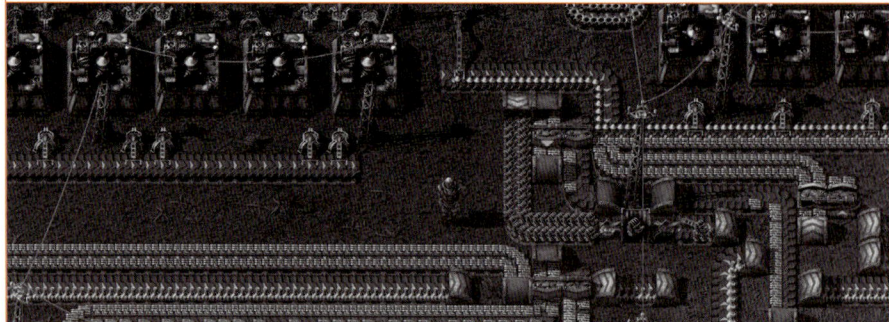

`PC` `Switch` 발매연도: 2016 개발: Wube Software LTD.

만약 당신이 공정 관리나 워크 플로 효율화처럼 '작업을 위한 작업'에서 재미를 끌어낼 수 있는 사람이라면 이 게임에 손을 대서는 안 된다. 돌아올 수 없는 강을 건너게 될 테니까. 「팩토리오」는 행성 개척과 공장 건설을 주축으로 하는 건설 시뮬레이션 게임으로, 공장에서 만든 물건끼리 조합해 새로운 소재를 만들면 된다. 최종 목표는 로켓을 만들어 행성에서 탈출하는 것이다. 여느 자원 관리 게임과 다른 점은 '공장에서 공장으로 이어지는 흐름을 얼마나 효율적으로 자동화하는가' 하는 퍼즐 요소가 중심을 차지한다는 것이다. 이러한 참신함과 깊이는 높은 평가를 받아 '자동화 게임'이라는 새로운 장르를 만들어내기에 이르렀다. (h)

223 데이 아 빌리언즈 (THEY ARE BILLIONS)

`PC` `PS` `Switch` 발매연도: 2019 개발: Numantian Games

좀비로 뒤덮인 아포칼립스 세계에서 식민지를 건설해 정해진 기간 동안 살아남는 1인용 RTS. 설명만 들으면 타워 디펜스 게임이 떠오를 테지만, 이 작품은 방어 탑이 썩 튼튼하지 않은 탓에 방벽과 전투 유닛을 활용해 좀비 무리와 맞서 싸워야 한다. 초기 『에이지 오브 엠파이어』 못지않게 자원과 연구의 종류가 다양하고 군대와 생산력의 균형을 유지해야 하므로 내정도 만만치 않다. 게다가 맵 곳곳을 탐색하면서 좀비의 손에 멸망한 마을을 섬멸하는 것도 중요해서 마냥 탑 안에 꼭꼭 숨는다고 해서 이기는 게임이 아니다. 긴장감 넘치는 방어전을 만끽할 수 있는 작품이다. (토쿠오카)

224 OXYGEN NOT INCLUDED

`PC` 　　　　　　　　　　　　　　　　발매연도: 2017　개발: Klei Entertainment

익살스러운 그림체가 특징인 사이드뷰 콜로니 서바이벌. 어느 행성의 땅속 깊숙한 곳에서 눈을 뜬 세 사람이 동료를 늘리면서 주거 환경을 유지하고 발전시킨다는 내용이다. 게임 초반에는 단순 가공만으로도 버틸 수 있으나 산소와 물은 점차 바닥을 보이기 시작한다. 이제부터가 진짜다. 오물을 정화해 물을 얻고, 물을 전기 분해해 산소를 얻는 등 온갖 수를 동원해 생존법을 모색해야 한다. 의외로 제대로 된 화학 법칙에 기반하고 있으므로 관련 지식을 최대한 활용하면서 게임을 즐겨도 좋다. 제조 자동화나 효율화를 고민해야 한다는 점에서 앞서 이야기한 「팩토리오」의 재미도 함께 갖추고 있다. (h)

225 커벌 스페이스 프로그램 (KERBAL SPACE PROGRAM)

`PC` `PS` `Xbox` 　　　　　　　　　　　발매연도: 2015　개발: Squad

시험 비행을 위해 쏘아 올린 로켓이 폭발할 때마다 "대성공이다!" 하고 떠들어대는 이상한 기업이 있다. 그렇다, 일론 머스크가 이끄는 스페이스 X다. 「커벌 스페이스 프로그램」은 이를 그대로 게임에 옮긴 트라이얼 앤 에러 우주선 개발 및 경영 시뮬레이션이다. 게임을 하다 보면 그들의 기분이 뼛속 깊이 느껴질 것이다. 어떤 부품을 어떻게 조합해야 오래 날지 고민하면서 조금씩 비행 고도를 높여 보자. 나중에는 위성 궤도에 도달하거나 행성을 왕복할 만큼 목표가 커진다. 물리 법칙을 제대로 구현한 작품이지만 곳곳에 데포르메를 곁들여서 게임적인 재미도 놓치지 않았다. (h)

STRATEGY GLADIABOTS | 토탈리 어큐레이트 배틀 시뮬레이터(TOTALLY ACCURATE BATTLE SIMULATOR)

226 GLADIABOTS

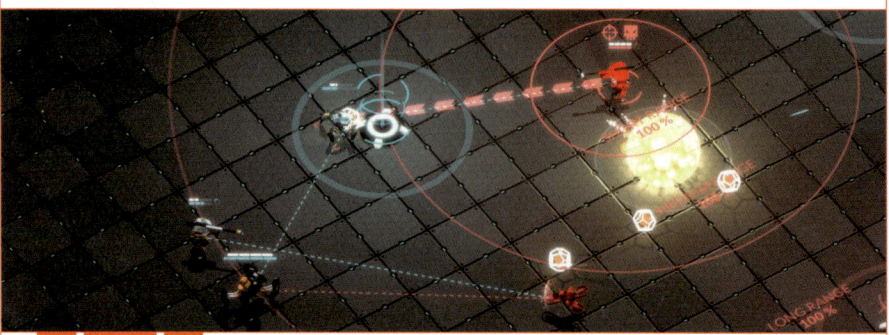

`PC` `Android` `iOS` 발매연도: 2018 개발: GFX47

기계는 자기 마음대로 움직이지 않는다. 설계한 대로 움직인다. 전투 로봇과 그 AI의 패배도 설계에 뒤따르는 결과다. 그러니 승리를 목표로 디버깅하자. 플레이어는 자신이 설계한 전투 로봇 4대로 공 넣기나 적 격파와 같은 게임에서 이겨야 한다. 로봇은 하나같이 개성 넘쳐서 다족형과 부유형, 머신건과 샷건 등 용도를 한눈에 알 수 있다.

무엇보다도 AI 설계 파트가 놀랍다. 상황에 따른 조건 분기와 서브 루틴을 직감으로 설계할 수 있다. 전투 중 AI가 어떻게 움직이는지도 시각화가 잘 되어 있다. 개발 도구 덕분에 '버그 난' 부분을 금방 찾을 수 있고, 손을 대면 로봇은 더 강해진다. 최고의 자리를 놓고 다투는 온라인 배틀이 끝없는 투쟁과 발전하는 보람을 안겨 줄 것이다. (노무라)

227 토탈리 어큐레이트 배틀 시뮬레이터
(TOTALLY ACCURATE BATTLE SIMULATOR)

`PC` `Xbox` `Switch` 발매연도: 2019 개발: Landfall

전략 게임은 어렵다는 이미지가 있지만, 이 작품은 알기 쉬운 시스템 덕분에 누구에게나 추천할 수 있다. 플레이어가 하는 일이라고는 비용이 허락하는 한 많은 병사를 맵에 배치하는 것뿐이다. 남은 전투는 컴퓨터의 몫이다. 열세에 몰릴 때는 병사 시점으로 전환해서 직접 조종할 수도 있다. 스테이지마다 맵 구성과 적 편성이 다르므로 각 상황을 타파할 수 있는 군대를 고안하는 것이 중요하다. 점점 강해지는 적에 맞춰 궁리에 궁리를 거듭하자. 마치 퍼즐 게임 같은 전략물이다. 병사의 종류도 매우 다양해서 창병과 포병은 물론 제우스와 손오공까지 등장한다. 한번 플레이하면 빠져들 수밖에 없는 게임이다. (요나시)

228 MOUNT & BLADE: WARBAND

`PC` `Android` `PS` `Xbox`

발매연도: 2010   개발: TaleWorlds Entertainment

동료라고는 말뿐인 모험가가 되어 칼라디아 대륙을 여행하면서 스스로 원하는 자기 자신을 만들어 나가는 작품. 왕좌를 노리며 하극상을 일으킬 수도 있고, 충실한 기사나 산적 두목이 될 수도 있다. 전투는 TPS 액션 방식이고 RPG 요소가 강한 작품이지만, 직접 대부대를 이끌고 싸우는 것도 가능하다. 물론 이때는 보급이나 외교도 신경 써야 한다. 즉 SRPG 요소가 가득 담긴 작품이다. 스팀 버전은 한국어를 지원하지 않으나 네이버 카페나 스팀 창작마당 등에서 '워밴드' '파이어 앤 소드' '나폴레오닉 워즈' 등 확장팩과 모드의 한글 패치를 구할 수 있다. 최신작인 「마운트 앤 블레이드 2: 배너로드」도 명작이니 플레이해 보기를 바란다. (토쿠오카)

229 FTL: 패스터 댄 라이트 (FTL: FASTER THAN LIGHT)

`PC` `iOS`

발매연도: 2012   개발: Subset Games

은하를 위기에서 구하기 위해 초광속 항법으로 우주를 가로지르면서 추격자를 쏘아 맞히자. 「FTL: 패스터 댄 라이트」는 로그라이크 요소를 포함한 시뮬레이션 게임이다. 이 작품에는 화려한 3D 그래픽도 장대한 시나리오도 없다. 하지만 이 작품은 이후 인디게임에 압도적인 영향을 미쳤다. 랜덤으로 생성되는 맵과 이벤트, 죽으면 진행 내용이 모두 날아가는 퍼머데스(Permadeath) 등은 로그라이크가 아닌 로그라이트라는 장르가 형성되는 데 이바지했다. 우주선 조종과 세세한 리소스 관리는 언뜻 복잡해 보이지만 일관된 로직으로 구성되어 있어 게임을 플레이하는 동안 실력이 쑥쑥 느는 것을 느낄 수 있고, 함대전부터 백병전까지 스페이스 오페라에서 볼 법한 상황들을 즐길 수 있다. (이마이)

230 KINGDOM

`PC` `Switch` `Xbox` `iOS` `Android` `PS` 발매연도: 2015 개발: Noio, Licorice

RTS 하면 탑다운 시점에서 수많은 유닛을 조종하고 다양한 자원을 관리하며 걸쭉한 욕을 주고받던 온라인 대전의 추억이 새록새록 떠오를 것이다. 하지만 이 작품은 사이드뷰 횡스크롤 1인용 RTS로, 조종하는 유닛도 관리하는 자원도 하나뿐이다. 플레이어는 말에 탄 군주를 조종해 백성을 모으고, 방벽을 세우고, 무기를 만들어 백성들에게 쥐여 주고, 밤이 되면 몰려드는 괴물을 쫓아내야 한다(하지만 군주는 전투 능력이 없다). 간단하면서 꽤 어려운 게임인데, 밸런스가 좋아서 '다음에는 지지 않을 테다!' 하고 불타오르게 하는 매력이 있다. 픽셀 아트가 아름답고 게임 패드로 플레이했을 때 손맛이 좋다. (토쿠오카)

231 섀도우 택틱스: 블레이드 오브 더 쇼군
(SHADOW TACTICS: BLADES OF THE SHOGUN)

`PC` `Xbox` `PS` 발매연도: 2016 개발: Mimimi Games

적진에 침투한 특수부대가 되어 다양한 유닛을 전환하면서 임무를 수행하는 실시간 전술 게임 『코만도스』는 일본에서는 다소 마이너하지만 전 세계적으로 뿌리 깊은 인기를 자랑한다. 『코만도스』의 영향을 받은 이 작품은 무대를 일본 에도시대로, 특수부대를 닌자로 바꾸었다. 물론 스킨 교체에 그치지 않고 게임 패드에 최적화된 조작 시스템을 비롯해 비주얼과 UI도 오늘날에 맞게 갈고닦았다. 게다가 닌자인 하야토, 쿠노이치인 아이코, 의족을 개조한 총으로 공격하는 타쿠마 등 B급 영화에서 볼 법한 특색 있는 캐릭터도 매력적이다. 이후 미미미 게임즈가 선보인 『데스페라도스 3』의 기반이 되는 장르를 부활시킨 명작이다. (이마이)

232 바렌투가 [ヴァーレントゥーガ]

`PC` 발매연도: 2009 개발: 나나아시

일본 프리웨어 전략 게임 중에서도 눈에 띄는 인기작. 국정은 턴제이고, 전투는 소·중대 규모로 캐릭터들이 와글와글 얽혀서 싸우는 RTS다. 좌우 클릭만으로 충분할 만큼 단순한 조작 시스템, 정석에 가까운 JRPG 세계관, 필살기를 마구 쏘아대는 NPC로 인한 화려한 전투 신은 정통파 RTS를 선호하지 않는 게이머도 혹할 만큼 매력적이라 올드한 느낌은 별문제 되지 않는다. 물론 그래픽과 인터페이스가 시대에 뒤떨어지는 것은 사실이라 게임에 익숙해질 때까지는 긴가민가할지도 모른다. 입문자는 인기 파생 작품이자 튜토리얼이 있는 「LostTechnology」부터 시작해도 좋다(이 작품은 유저가 만든 파생 작품이 다수 존재한다는 점도 매력 포인트 중 하나다). (h)

233 엔들리스 레전드 (ENDLESS LEGEND)

`PC` 발매연도: 2014 개발: Amplitude Studios

턴제 전략 게임의 이상향 『시드 마이어의 문명』을 뒤따르는 작품 중 가장 아름다운 게임이다. 판타지풍 세계 속 주민들은 누구도 살아남을 수 없는 긴 겨울에서 벗어나기 위해 우주 진출을 목표로 문명을 일군다. 나라를 세우기에 적합한 땅을 찾고, 영토를 넓히는 한편 개간하고, 연구를 통해 얻은 신기술로 무장하자. 영토를 넓히다 보면 한정된 땅을 둘러싸고 전쟁이 일어나기 때문이다. 옆 나라에는 영혼을 먹는 저주받은 기사나 굶주린 육식 곤충 인간이 우글거린다. 평소에는 위정자로서, 전시에는 장군으로서 부지런히 머리를 굴릴 것. 장르 제일가는 아트워크와 게임 룰을 종족 고유의 스토리와 뛰어난 UI로 잘 버무려 조화로움이 돋보이는 작품이다. (노무라)

234 PRINCIPIA: MASTER OF SCIENCE

PC | iOS | Android

발매연도: 2016 개발: tomeapp

갈릴레오 갈릴레이가 세상을 떠난 지 25년이 지난 뒤, 과학자들은 그가 남기고 간 이론을 완성하고자 오늘도 연구에 매진한다. 누가 다음으로 위업을 이룰 것인가? 이 작품은 1600년대 후반 유럽을 무대로 뉴턴이나 에드먼드 핼리 같은 위대한 과학자가 되어 연구를 진행하는 육성 게임이다. 플레이어는 실험이나 수강 등 매달 자신의 행동을 선택하면서 과학자의 길을 걷는다. 재미있는 사실은 플레이어 말고 다른 과학자들도 행동을 선택하면서 연구를 진행한다는 점이다. 아무리 위대한 발견이라도 남이 먼저 논문을 쓰면 아무 소용 없다. 연구란 과학자 간의 불꽃 튀는 경쟁인 것이다. 다른 과학자들의 움직임도 주시하면서 한 걸음 한 걸음 연구 성과를 쌓아 누구보다 빨리 논문을 발표하자. (요나시)

235 THROUGH THE DARKEST OF TIMES

PC | Switch | PS | Android | iOS | Xbox

발매연도: 2020 개발: Paintbucket Games

1933년 이후 베를린을 무대로 반나치 운동에 힘쓰는 지하 조직을 관리하는 전략 게임이다. 플레이어는 전단지를 뿌리거나 노동자에게 나치의 문제점을 전파하는 등 견실한 활동을 되풀이하는 한편 '반나치'라는 하나의 목표를 위해 모인 지하 조직이기에 나올 수 있는 내분(조직원 중에는 기독교계 보수파도 있고 공산주의자도 있다)에도 대처해야 한다. 역사적인 사건도 제대로 구현되어 있어('수정의 밤' 사건부터 오랜만에 만난 부모님이 음모론에 푹 빠졌다느니 하는 이벤트까지 가득 담겨 있다) 내리막길을 굴러가는 듯 휙휙 바뀌는 사회를 체험할 수 있다. (토쿠오카)

236 PHANTOM DOCTRINE

`PC` `PS` `Xbox` `Switch`　　　　　　　　발매연도: 2018　개발: CreativeForge Games

냉전 시대를 무대로 하는 전략 시뮬레이션 게임으로, 비밀 결사를 관리하면서 세계 곳곳에 숨은 음모를 뒤쫓아야 한다. 임무는 잠입과 전투로 나뉘는데, 잠입에 실패하면 그 자리에서 전투로 바뀐다. 플레이어 측은 인원 면에서 압도적으로 불리하므로 감시 카메라나 순찰에 걸리지 않도록 이리저리 돌아다니면서 감시망을 빠져나가는 것이 중요하다. 전투는 『엑스컴』과 같은 턴제이며, 칸으로 나뉜 맵 위에서 총격전을 되풀이하는 타입이다. 여러 요원이 방 안으로 들이닥치는 브리칭, 변장을 곁들인 잠입, 공작원의 세뇌, 까맣게 덧칠한 자료의 해독 등 하나하나 언급하기 힘들 만큼 냉전 시대 스파이물다운 요소로 가득하다. (치바)

237 HARD WEST

`PC` `Switch` `PS`　　　　　　　　발매연도: 2015　개발: CreativeForge Games

서부극 중에서도 오컬트나 판타지 요소가 포함된 장르를 '위어드 웨스트(Weird West)'라고 부른다. 이 작품은 『엑스컴』의 전투 시스템을 기반으로 하면서도 TRPG식 스토리텔링으로 위어드 웨스트를 서부극 전략 게임으로 만들어냈다. 플레이어는 다양한 시점에서 보물을 찾는 모험, 악마 숭배 의식, 핑커튼 탐정사무소의 암약과 같은 스토리를 체험할 수 있다. 비주얼과 UI의 분위기도 통일감이 높아 서부극 마니아는 물론이고 초기 《죠죠의 기묘한 모험》 팬에게도 추천하고 싶다. 운이라는 리소스를 적용한 전투는 스릴 있으면서도 서부극다움이 넘친다. '스토리를 위한 전략'이라는 형식을 고수하는 게임. (이마이)

238 인투 더 브리치 (INTO THE BREACH)

`PC` `Switch` 　　　　　　　　　　　　　발매연도: 2018　개발: Subset Games

거대 전투 로봇 '메크(Mech)' 세 대로 이루어진 팀으로 땅속에서 기어 올라온 침략자 '벡(Vek)'을 물리쳐라! 패배 따위 용납되지 않는 『퍼시픽 림』 느낌의 전략 게임이다. 한 화면에 전부 들어가는 격자 모양 맵에서 자신의 시설을 몇 턴만 지키면 작전 종료다. 벡은 공격을 미리 알린 다음 행동하고, 메크는 행동 전에 움직인다. 펀치나 견인 광선으로 벡을 한 칸 옮겨서 공격이 빗나가게 만들자. 연이어 터져 나오는 아슬아슬한 구출극. 벡끼리 서로 공격하게 하면 금상첨화다. 시설이 부서지면 전쟁에서 지고 메크가 부서지면 파일럿이 죽는다. 신의 한 수를 생각해 내고 체크메이트의 쾌감에 취해 보자. 인류의 패배가 확정되는 순간 게임 오버를 넘어 끝없는 전투의 막이 오른다. (노무라)

239 5D CHESS WITH MULTIVERSE TIME TRAVEL

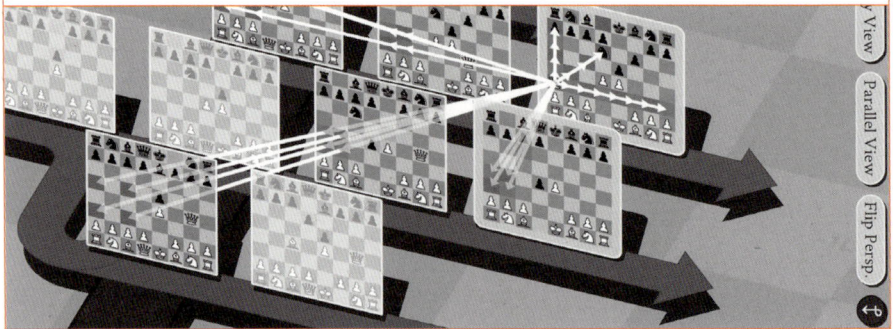

`PC` 　　　　　　　　　　　　　발매연도: 2020　개발: Conor Petersen, Thunkspace, LLC

킹을 체스판 밖으로 도망치게 할 수 있다면? 체스 플레이어라면 누구나 한 번쯤 상상해 봤을 것이다. 그런데 그것이 실제로 일어났다. 이 게임은 타임 워프가 가능한 초차원 체스다. 플레이어는 판 위에 있는 말을 '현재' 판뿐만 아니라 조건이 갖추어지면 '과거'의 판으로도 움직일 수 있다. 그리고 말이 '과거'로 날아가면서 차원은 '말이 오지 않은 지금까지의 세계'와 '미래에서 말이 날아온 새로운 세계' 두 갈래로 나뉜다. 궁지에 몰린 킹도 다른 세계로 도망가면 안전해진다. 하지만 한번 확정된 '과거'를 수정하는 것은 불가능하다. 시간과 차원을 뛰어넘어 '과거'의 킹을 체크메이트하자. (요나시)

240 PLANET M.U.L.E.

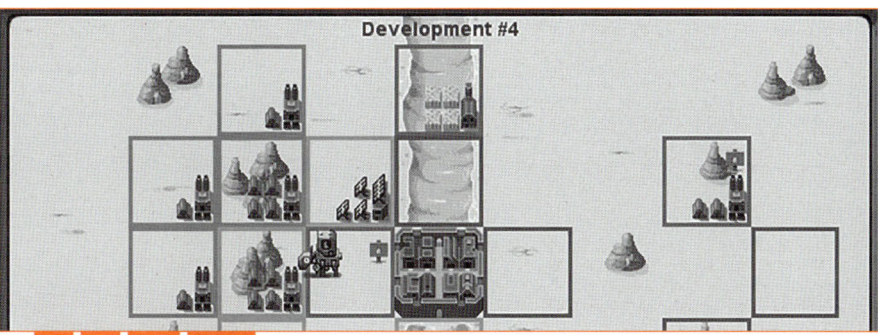

`PC` `PS` `Xbox` `Switch`   발매연도: 2009　개발: Blue Systems

경제는 피가 흐르지 않는 전쟁이며, 대전 상대를 돈으로 두들겨 패는 '경매 게임'에서는 현찰이 곧 실탄이다. 총자산 1위를 목표로 투자를 거듭하자. 경영의 규칙은 간단하며 플레이어를 직접 공격하는 수단이 없다. 그러므로 승부는 경매에 달렸다. 시장보다 다른 플레이어에게 파는 쪽이 이득이므로 아슬아슬한 선까지 높은 가격을 매겨서 돈을 뜯어내자. 토지 경매에서는 땅을 살 생각이 없더라도 호가를 높여서 상대방의 뼈아픈 지출을 끌어내자. 경매 가격은 리얼타임 시스템으로 설정할 수 있어 마음껏 블러핑을 시도할 수 있다. 비싸게 팔아치웠을 때의 쾌감과 현명한 투자에서 나오는 희열을 맛보려면… 역시 '돈이 힘'이다. (노무라)

---

241 GREMLINS, INC.

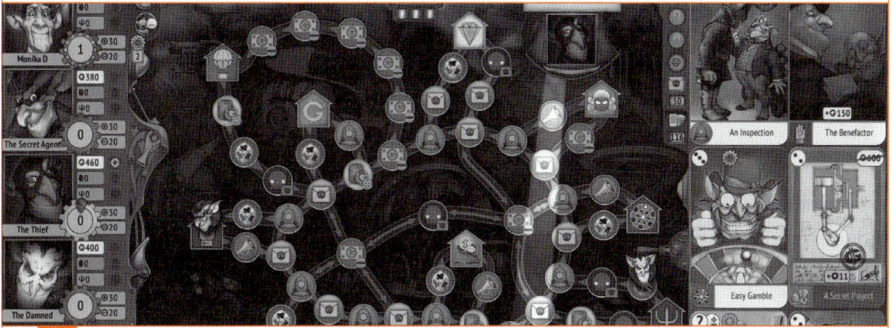

`PC`   발매연도: 2016　개발: Charlie Oscar

부패한 그렘린이 득실거리는 스팀펑크 사회에서 권력을 두고 다투는 디지털 보드게임. 100가지가 훌쩍 넘는 다양한 카드에는 게임을 확 뒤집을 만한 능력이 숨어 있다. 카드는 효과를 사용하거나, 이동하는 데 쓰거나 두 가지 이용법이 있다. 이 게임에는 걸리면 불리해지는 칸이 많으므로 플레이어는 강력한 카드를 남겨둘지 아니면 이동하는 데 써서 안전하게 진행할지 끊임없이 고민해야 한다. 카드 효과를 사용하려면 특정 칸 위에 있거나 비용을 내야 하는 등 조건이 있으므로 몇십 턴 앞을 내다보고 행동해야 한다. 새로 얻은 카드와 적의 움직임을 예의 주시하면서 계획을 고쳐나가자. 지식과 전략이 중요한 대작이다. (요나시)

OTHERS

샌드박스, 메타버스, 공포 게임, 음악 게임 등 챕터를 따로 뺄 만큼
작품 수가 많지 않은 장르이거나
비슷한 유형을 찾기 힘들 만큼 고고한 작품을 '그 외'로 묶었다.
전자의 경우 작품 수가 적다고 해서 마이너 장르라는 것은 절대 아니다.
오히려 히트작으로 가득한 데다가 '그 외'로 가두기 힘들 만큼
인디 신에서는 활성화된 영역이라는 점을 강조하고 싶다.
후자 역시 비슷한 작품을 찾기 힘들다는 사실 자체가 '인디다움'의 증거나 마찬가지다.
그러다 보니 어떤 작품이든 임팩트가 강하다.
그런 의미에서 앞으로 소개할 작품들은 인디게임의 진면목을 보여준다고 할 수 있다.

OTHERS 마인크래프트 (MINECRAFT)

242 마인크래프트 (MINECRAFT)

PC / PS / Xbox / Switch / iOS / Android / 그 외   발매연도: 2006   개발: Mojang, Microsoft Studios

지금은 모르는 사람이 없는 세계적인 작품이지만 그 시작은 노치(Notch)가 개발한 인디게임이었다. 「마인크래프트」의 기원은 퍼즐 게임으로 유명한 자트로닉스의 「인피니마이너(Infiniminer)」다. 「인피니마이너」는 정육면체 블록으로 이루어진 동굴을 파고, 파낸 블록은 다른 곳에 설치할 수 있는 멀티 플레이 게임이다. 원래는 이 시스템을 활용해 서로 자원을 뺏는 게임이지만 일부 유저는 건축에 푹 빠져 대전은 뒷전이었다. 노치도 그들 중 하나였다. '좀 더 개선하면 건축이 재미있어지지 않을까?' 그렇게 나온 게임이 「마인크래프트」다. 「마인크래프트」도 다양한 정육면체 블록으로 이루어져 있는데, 플레이어는 이 블록을 부수거나 설치할 수 있다. 하지만 「인피니마이너」와 달리

이 게임은 모험 모드를 통해 무한히 자동 생성되는 세계를 돌아다닐 수 있다. 거점을 짓거나 낚시와 농사에 힘쓰거나 보스를 무찌르는 등 ARPG로서 무궁무진한 플레이를 즐길 수 있다. 지금은 마이크로소프트가 개발을 이어받아서 플레이의 폭을 넓히는 중이다. 크리에이티브 모드를 통해 아름다운 건물을 짓거나 코드를 짜서 나만의 게임 모드를 만들거나, 자신이 만든 모드를 판매할 수도 있다. 모드에도 정식 대응하므로 게임 자체를 개조해서 갖고 노는 모드 제작자도 많다. 「마인크래프트」라는 게임은 어디까지 뻗어 나갈 수 있을까, 그 끝을 아는 사람은 아직 아무도 없다. (요나시)

243 GARRY'S MOD

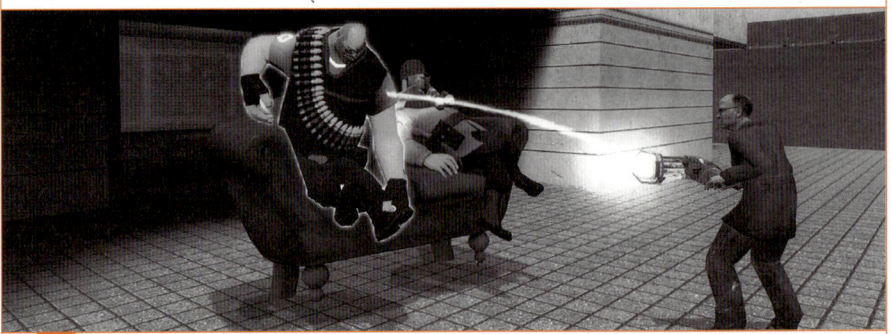

발매연도: 2006   개발: Facepunch Studios

소스 엔진으로 만들어진 게임에서 다양한 에셋을 불러올 수 있는 샌드박스 게임. 게임 속 적을 불러와서 싸우게 하거나 탈것을 만드는 등 꿈에 그리던 플레이를 실현할 수 있다. 하지만 이 게임의 핵심은 '모드 친화적'이라는 점이다. 이 게임을 구성하는 거의 모든 것을 개조 및 자작할 수 있고 비교적 손쉽게 게임에 도입할 수 있다. 모드라는 존재 덕분에 이 게임은 완전히 뒤바뀌었다. 샌드박스로 어이없는 실험을 해도 좋고, 친구들과 수많은 게임 모드를 오가면서 시간을 보내도 좋다. 이 게임을 애니메이션 촬영 도구로 활용하는 유저도 있을 정도. 무려 메타버스인 'GMod Tower'라는 모드도 나왔다. 유저의 힘 덕분에 무엇이든 가능한 게임으로 성장한 것이다. (요나시)

244 TABLETOP SIMULATOR

발매연도: 2015   개발: Berserk Games

'아날로그 게임을 온라인상에서 친구들과 플레이하고 싶다.' 이러한 바람을 실현한 게임이다. 갖고 있는 아날로그 게임을 스캔한 다음 여유가 있다면 직접 만든 3D 모델을 집어넣으면 화면 속 테이블 위에 게임이 나타난다. 카드나 말 등은 물리 엔진으로 제어되므로 실물을 움직이는 것처럼 아날로그 게임을 즐길 수 있다. 기발한 아이디어가 돋보이는 게임이며, 카드 셔플과 같이 게임에서 자주 쓰이는 기능이 대부분 들어가 있어 매우 편리하다. 다만 유료로 판매되는 아날로그 게임의 로딩 데이터를 무단 배포하는 불법 모드가 문제 되기도 했다. 개발사는 보드게임 회사와 공식적으로 제휴를 맺고 아날로그 게임을 DLC 판매하는 방법으로 문제를 해결하고 있다. (요나시)

245 TOWER UNITE

`PC` 발매연도: 2016 개발: PixelTail Games

'가상 세계'를 의미하는 메타버스는 오늘날 가상의 공간에서 유저가 커뮤니케이션이나 쇼핑 등을 할 수 있는 서비스를 가리킨다. 이러한 메타버스 중에서도 'GMod Tower'가 PC 게이머 사이에서 인기였는데, 해당 모드를 독립적인 게임으로 발전시킨 것이 「타워 유나이트」다. '플라자'라고 불리는 로비 서버에는 카지노나 오락실 같은 즐길 거리가 설치되어 있어 왁자지껄하다. 땅과 집을 사서 자기만의 공간을 만드는 콘도 요소도 재미있다. 오픈된 콘도에 발을 들이면 잘 꾸며진 내부에 나도 모르게 입이 벌어질 것이다. 「Garry's Mod」와 마찬가지로 모드 친화적인 게임이라 무법천지와 같은 모드 문화를 만끽할 수 있다. (요나시)

246 VRCHAT

`PC` `Oculus Quest` 발매연도: 2017 개발: VRChat Inc.

다양한 메타버스 게임 중에서도 가장 흥행한 게임이다. 이 게임에는 두 가지 특징이 있다. 우선 VR 기기에 대응하므로 모니터로 보는 것에서 그치지 않고 가상공간에 들어갈 수 있다. 그리고 직접 만든 아바타와 월드를 올릴 수 있으며 개발사가 준비한 콘텐츠보다 유저 제작 콘텐츠를 즐기는 쪽이 더 재미있다. 아바타를 개조해서 개성을 드러낼 수도 있고 다양한 기능을 아바타와 월드에 적용할 수도 있다. 개성은 메타버스에서 가장 중요한 요소다. 개성 넘치는 아바타를 내세운 유저들과 유저들이 만들어낸 다양한 콘텐츠를 체험하며 감동을 공유하자. 앞으로 메타버스의 기준이 될 게임이다. (요나시)

247 FIVE NIGHTS AT FREDDY'S

`PC` `Xbox` `iOS` `Android` `PS` `Switch`   발매연도: 2014 개발: Scott Cawthon

평범한 피자 가게의 야간 경비원인 줄 알았다. 하지만 이 피자 가게에 놓인 애니매트로닉스는 밤이 되면 저절로 움직이기 시작해 사람들을 덮친다. 이 게임은 애니매트로닉스의 습격을 어찌어찌 막으면서 살아남는 공포 게임이다. 플레이어는 경비실에서 감시 카메라 영상을 확인하고, 애니매트로닉스의 움직임을 예의 주시하고, 가까이 오면 경비실의 문을 닫아걸어 자신을 지킨다. 전력 사용량에는 제한이 있어서 기계를 마구 쓰면 전기가 나가 문을 닫지 못하게 되니 주의하자. 게임을 플레이하다 보면 으스스한 미니게임이 끼어들고는 한다. 이 미니게임은 무엇을 시사할까? 사실 피자 가게에는 어두운 비밀이 숨겨져 있다. 긴 시리즈를 뒤따라가 공포의 정체를 밝혀내자. (요나시)

248 PHASMOPHOBIA

`PC`   발매연도: 2020 개발: Kinetic Games

폐허가 된 건물을 탐험하며 유령을 찾는다는 점에서 다소 특이한 멀티 플레이 공포 게임. 손전등, 카메라, 소금, 십자가 등 익숙한 아이템을 들고 폐가에 숨은 귀신의 종류를 파악하는, 이른바 '디지털 담력 테스트'다. 고스트 오브를 촬영하면 이 유령, 온도가 몇 도 이하로 떨어지면 저 유령 하는 식으로 몇 가지 조건이 설정되어 있어서 언제 유령이 나타날지 모르는 공포 속에서 폐가를 돌아다녀야 한다. 공들인 음성 연출도 특징 중 하나. 노이즈가 낀 유령의 목소리가 들리거나, 유령의 습격을 받아 비명을 질러도 동료들에게 자신의 목소리가 닿지 않을 때 온몸을 휘감는 공포감이란. 공포 영화의 주인공이 된 듯한 기분을 느낄 수 있는 게임이다. (치바)

249 DUCK SEASON

PC   발매연도: 2017 개발: Stress Level Zero

뒤에서 엄마가 집안일을 하는 어느 한낮. 엄마가 빌려 온 엄청난 게임「덕 시즌」을 갖고 놀 거야! 천진난만한 아이가 주인공인 이 작품은 VR 공포 게임이다. 그렇다,「덕 시즌」은 사실 위험한 게임인 것이다. 명작「덕 헌트」(닌텐도, 1984)를 방불케 하는 이 게임은 플레이할수록 아이의 주변을 둘러싼 현실이 서서히 잠식되다가 엄청난 일이 벌어진다. VR을 염두에 둔 연출이 교묘해서 놀라지 않고는 못 배길 것이다.「덕 시즌」을 어떻게 플레이할지, 숨겨진 요소를 발견하는지에 따라 엔딩이 갈린다. 아이는 어떻게 될까? 직접 아이가 되어 체험해보자. VR 미대응 버전도 판매 중. (요나시)

250 BUDGET CUTS

PC   발매연도: 2018 개발: Neat Corporation

로봇들이 바삐 돌아다니는 사무실에서 일하던 당신에게 온 연락 한 통. 위험에 빠졌으니 당장 도망쳐!「버짓 컷츠」는 위험한 경비 로봇의 눈을 피해 사무실을 탈출하는 VR 스텔스 게임이다. VR 게임에서 흔히 볼 수 있는 순간 이동은 3D 멀미가 덜한 대신 게임의 분위기를 망치기 쉽다. 하지만 이 게임에서는 트랜스로케이터라는 총 모양의 장치로 워프 포인트를 발사한다. 워프 탄을 좁은 창문으로 통과시키는 액션도 있는데, 미래의 스파이가 사용하는 도구 같아서 멋있다. 여기에는 훌륭한 연출도 한몫한다. 적을 쓰러뜨리는 무기가 투척용 나이프라는 점도 근사하다. 기둥 뒤에 숨어 트랜스로케이터로 몰래 이동하고 빈틈을 노려 적의 등 뒤를 찌르자. 기분만큼은 스파이 그 자체다. (요나시)

251 모스 (MOSS)

`PC` `PS` `Oculus Quest`   발매연도: 2018 개발: Polyarc

3인칭 시점 VR 액션 퍼즐 게임. 쥐인 퀼(Quill)을 조종해서 스테이지를 빠져나가면 되는데, 퀼의 시점이 아닌 일반적인 TPS 퍼즐 액션 게임처럼 '전지적 시점'으로 플레이한다. 플레이어는 스테이지 내 조작 가능한 오브젝트를 움직여서 퀼이 나아갈 길을 만들 수 있지만, 이 과정에서 '퀼을 움직이면서 스테이지 내 기믹을 조종'하는 멀티 태스킹이 요구된다. 그렇다고는 해도 액션의 난도가 그리 높지 않고 VR 멀미도 없어서 아기자기하게 잘 꾸며진 스테이지를 마음껏 즐길 수 있다. VR 입문용으로 추천하는 작품이다. (토쿠오카)

252 BONEWORKS

`PC`   발매연도: 2019 개발: Stress Level Zero

VR 게임은 게임과 현실 속 움직임이 어긋나면 혼란이 발생하므로 장애물을 무시하고 움직일 수 있게 하거나 워프와 같은 이동법을 적용해 3D 멀미를 방지하는 사례가 많다. 하지만 그것은 '리얼'이 아니다. 「본웍스」는 쾌적함보다는 현실성을 우선한 의욕작이다. 무거운 물건을 들 때는 팔의 위치보다 물리 엔진이 앞서므로 팔은 실제 위치까지 올라가지 않고, 워프는 비현실적이라 넣지 않았다. 괴리감이 들고 멀미가 날 것을 알면서도 과감히 내린 결단이다. 하지만 이 결단이 독특한 플레이 감각으로 이어졌다. 물리 엔진에 따라 물건을 휘두르거나 던지거나 딛고 올라가는 등 플레이어가 원하는 대로 행동할 수 있다. 적응만 하면 그야말로 게임 속에 들어간 듯한 느낌을 맛볼 수 있는 것이다. (요나시)

253 GOLF WITH YOUR FRIENDS

`PC` `PS` `Xbox` `Switch`

발매연도: 2016　개발: Blacklight Interactive

여럿이서 가볍게 즐길 수 있는 게임이라고 하면 미니 골프가 있다. 그중에서도 「골프 위드 유어 프렌즈」는 분위기를 띄우기 안성맞춤인 게임이다. 다양한 코스와 게임에서나 가능한 대규모 장치가 플레이어를 기다린다. 일반적인 플레이만 따라가도 재미있지만, 이 게임의 백미는 플레이어가 직접 만드는 오리지널 룰이다. 중력과 반발력을 미세하게 조정할 수 있을 뿐만 아니라 공을 정육면체나 별 모양으로 바꾸고 공과 공 사이의 충돌 판정을 추가할 수 있다. 코스 한가운데에 아이템까지 설치하면 골프라고 부르기 민망해질 정도다. 말도 안 되는 룰이 드라마를 낳고 웃음과 혼돈을 가져온다. (요나시)

254 어몽 어스 (AMONG US)

`PC` `Xbox` `Switch` `iOS` `Android`

발매연도: 2018　개발: Innersloth

이 안에 배신자가 있다! 우주선의 크루원이 되어 임포스터를 찾아내거나 임포스터가 되어 크루원을 함정에 빠뜨리는 마피아 게임이다. 크루원은 임포스터를 전부 퇴출하거나 임무를 완수하면 이긴다. 임포스터는 크루원을 전부 죽이면 이긴다. 마피아 게임은 인기가 많지만 규칙이나 전략 등 알아 두어야 할 것이 많아 어렵게 느껴진다. 하지만 이 게임은 회의 때 말고는 말할 수 없다는 룰로 접근성을 높였다. 크루원끼리 연계하기 힘들어 임포스터가 활약하는 장면이 자주 나오고, 크루원은 말로 속지 않기 위해 수상한 행동을 하는 플레이어를 경계하기 쉽다. 입을 다물고 있기에 생겨나는 의심과 신뢰가 이 게임의 열쇠인 셈이다. (요나시)

255 슬레이 더 스파이어 (SLAY THE SPIRE)

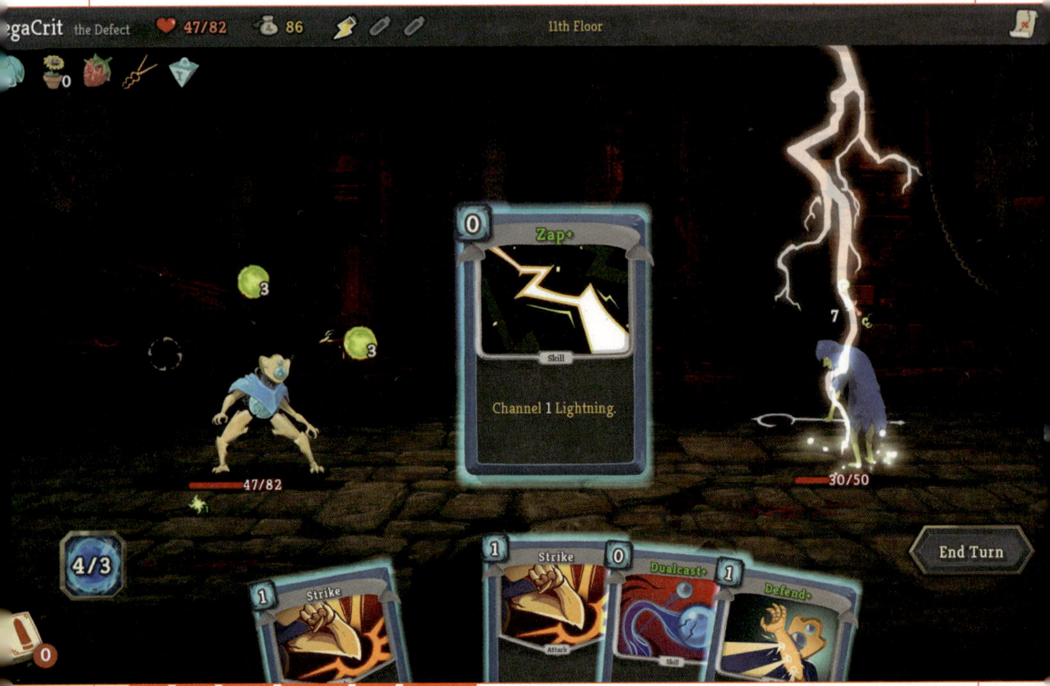

PC | PS | Xbox | Switch | iOS | Android 발매연도: 2017 개발: Mega Crit Games

카드를 모아 덱을 강화하고 까다로운 적을 쓰러뜨려라. 이 게임은 로그라이크에 덱 빌딩 요소를 집어넣었다는 점에서 획기적이다. 덱 빌딩이란 아날로그 보드게임에서 크게 유행한 요소로, 미리 덱을 만드는 대신 게임 플레이 도중 카드를 모아서 덱을 만드는 스타일을 가리킨다. 게임을 시작하면 가장 먼저 캐릭터를 골라야 한다. 캐릭터별로 각각 다른 덱이 준비되어 있고, 덱에서 카드를 꺼내 들면 캐릭터가 검을 휘두르거나 방어하는 식이다. 손에 든 카드는 매 턴이 끝날 때마다 모두 버린다. 뽑을 카드가 없어지면 버린 카드 더미를 섞어서 뽑을 카드 더미로 돌린다. 이처럼 몇 가지 독자적인 규칙이 있기는 해도 카드 게임을 해 본 적이 있으면 금방 익숙해질 것이다. 갈림길을 나아가다 보면 다양한 적이 나타난다. 이들을 무찔러 새로운 카드나 다양한 효과를 가져다주는 유물을 손에 넣자. 카드는 서로 시너지 효과를 주도록 설계되어 있어 카드와 유물을 잘 조합하면 최강의 콤보를 만들 수도 있다. 하지만 적도 점점 강해지므로 어설픈 덱으로는 맞설 수 없다. 카드를 엄선하고 때로는 필요 없는 카드를 버리면서 덱 순환을 갈고닦는 것이다. 이 게임의 높은 완성도로 인해 수많은 후발주자가 생겨났고 오늘날 로그라이크 덱 빌딩은 어엿한 게임 장르로 자리 잡았다. 원점이자 정점. 이 게임의 높은 완성도를 직접 체험해 보았으면 한다. (요나시)

256 크립트 오브 더 네크로댄서 (CRYPT OF THE NECRODANCER)

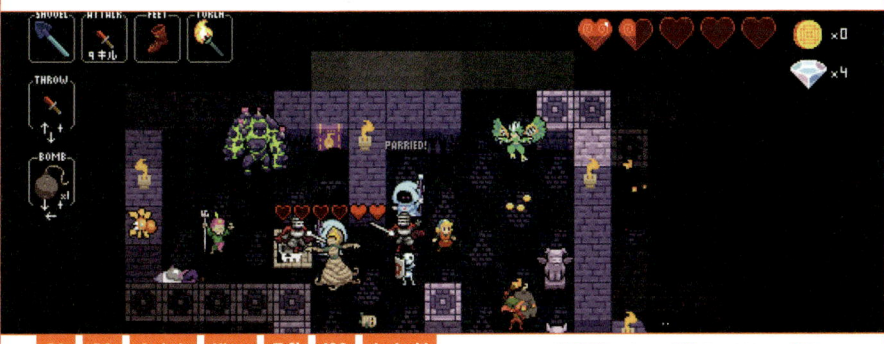

`PC` `PS` `Switch` `Xbox` `그외` `iOS` `Android` 발매연도: 2015 개발: Brace Yourself Games

리듬 게임의 매력과 인기는 어마어마하다. 그렇다면 리듬 게임을 다른 게임과 합치면 더 재미있지 않을까? 이러한 발상의 결과물이 바로 「크립트 오브 더 네크로댄서」다. 로그라이크 RPG 시스템이 적용되어 있으며, 칸칸이 나뉜 던전에서는 매 턴 필드 상의 모든 유닛이 동시에 행동한다. 이 게임은 여기에 리듬 게임 요소를 접목했다. BGM의 박자와 함께 턴이 자동으로 흘러가므로 플레이어가 가만히 있어도 적이 돌아다닌다. 플레이어도 이 리듬에 올라타야만 움직일 수 있다. 막상 해 보면 숨 돌릴 틈도 없을 것이다. 리듬을 타며 적을 쓰러뜨리고 아이템을 모으고 던전 가장 깊숙한 곳으로 나아가자. (요나시)

257 MUSE DASH

`PC` `Switch` `iOS` `Android` 발매연도: 2018 개발: PeroPeroGames

중국 페로페로게임즈에서 개발한 이 작품은 횡스크롤 액션과 같은 화면에서 플레이하는 리듬 게임이다. 스마트폰으로도 플레이할 수 있도록 조작은 투 버튼까지 추려냈다. 위아래 두 줄로 밀어닥치는 적을 리듬에 맞춰 공격하면 된다. 내용은 심플하지만 톡톡 튀면서 컬러풀한 캐릭터와 일러스트가 매력적이라 요즘 동아시아의 최첨단을 달리는 비주얼 센스를 느낄 수 있다. 선곡도 뛰어난데 카메리아, 모리모리 아츠시, REDALiCE(일본)를 비롯해 3R2(대만), M2U(한국) 등 국경을 넘어 많은 인기 작곡가가 참여했다. 본국인 중국에서 참여한 ANK(feat.熊子), 小野道ono도 최근 주목받는 작곡가다. (이마이)

OTHERS 비트세이버(BEAT SABER) | CYTUS II

258 비트세이버 (BEAT SABER)

`PC` `그 외` `Oculus Quest` 발매연도: 2018 개발: Beat Games

VR 리듬 게임 하면 이 작품을 빼놓을 수 없다. 리듬에 맞춰 날아오는 상자를 양손에 든 컨트롤러를 휘둘러서 베고, 다가오는 벽을 쭈그려 앉거나 피하면서 스쳐 보낸다. 단순한 룰과 해도 재미있고 봐도 재미있는 플레이 덕분에 집뿐만 아니라 체험 행사나 게임 플레이 영상에서도 큰 인기를 자랑한다. 운동 대신, 아케이드 리듬 게임처럼 화려한 플레이를 갈고닦기 위해, 아니면 더 높은 점수를 목표로 하는 등 즐기는 방법은 플레이어 마음에 달렸다. 그린 데이부터 BTS까지 다양한 아티스트의 곡이 수록되었다는 점도 이 작품이 폭넓은 층에서 사랑받는다는 증거.「비트 세이버」는 VR 기기가 있다면 꼭 해 봐야 하는, VR 시대에 핀 한 송이 꽃이다. (후루시마)

259 CYTUS II

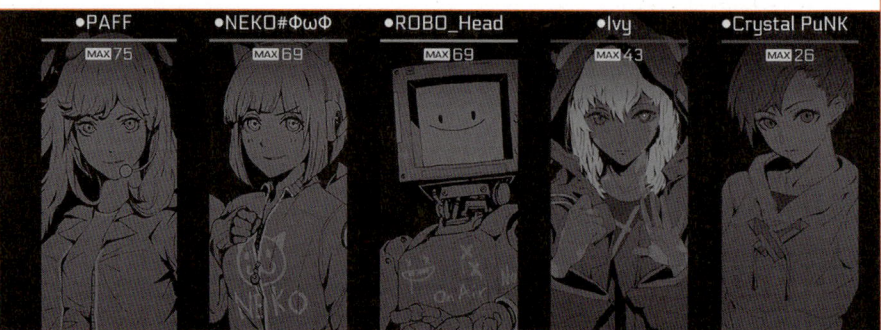

`iOS` `Android` 발매연도: 2018 개발: Rayark

「디모(Deemo)」의 흥행으로 주목받기 시작한 대만 게임사 레이아크가 전작의 게임 포맷과 세계관 설정을 가져오면서 리듬 게임으로 완성도 높은 이야기를 그린 작품이다. 리듬 게임을 플레이하면서 스토리를 해금한다는 구조 자체는 흔하지만, 음악 장르를 캐릭터화하고 SNS와 게임 중간중간 뜨는 짤막한 로그로 스토리를 풀어내면서 사이버펑키한 세계관을 구축했다. 네트워크 사회, 아이돌과 팬의 관계, AI와 인간 등 철학적이고 사회적인 주제를 다루면서도 세련된 성장물로 아우르는 수완이 대단하다. 선곡 면에서도 메인 작곡가인 KIVΛ, 3R2, Ice를 비롯해 M2U, Apo11o program, James Landino 등 세계 각국의 실력파 게임 음악가가 포진해 있다. (이마이)

260 MY CHILD LEBENSBORN

`PC` `iOS` `Android` `PS` `Xbox` `Switch`   발매연도: 2018 개발: Sarepta studio AS

제2차 세계대전 중 노르웨이를 점령한 나치 독일은 독일인 당원 남성과 노르웨이 여성을 결혼시키는 정책을 추진했다. 이 정책으로 태어난 아이를 노르웨이에서는 '레벤스보른(Lebensborn)'이라고 불렀는데, 이 아이들은 전쟁이 끝난 뒤 노르웨이 내에서 극심한 차별을 받았다. 플레이어는 종전 이후 노르웨이를 무대로 레벤스보른의 양부모가 되어 아이가 행복한 어린 시절을 보낼 수 있도록 해야 한다. 게임 시스템만 놓고 보면 육성 게임이지만, 키워야 하는 아이는 학교에서 '나치의 아이'라며 음습하게(혹은 노골적으로) 괴롭힘을 당하고 있다. 이러한 상황에서 플레이어가 할 수 있는 일은 무엇일까. 현존하는 육성 게임 가운데 가장 암울한 작품일 것이다. (토쿠오카)

261 60 SECONDS!

`PC` `iOS` `Android` `Switch` `PS` `Xbox`   발매연도: 2015 개발: Robot Gentleman

"60초 뒤에 핵폭탄이 떨어진다!" 하지만 안심하시라. 플레이어의 집에는 방공호가 있다. 하지만 완전히 안심하지는 마시라. 방공호 안에는 아무것도 없으니까. 이리하여 60초 동안 가족이며 물이며 음식이며 라디오 따위를 방공호 안으로 던져 넣는 액션 게임이 시작된다. 허둥지둥 준비를 마치고 나면 이번에는 한 턴당 하루가 지나가는 서바이벌 어드벤처의 막이 오른다. 가족들에게 물과 음식을 나눠주는 것은 물론 때로는 방독면을 쓰고 바깥을 둘러봐야 한다. 가족은 과연 며칠이나 살아남을 수 있을까? 장르 면에서는 어드벤처 게임에 가까우며, 제목과는 반대로 한 판을 플레이하는 데 꽤 오랜 시간이 걸린다. (토쿠오카)

262 COOKIE CLICKER

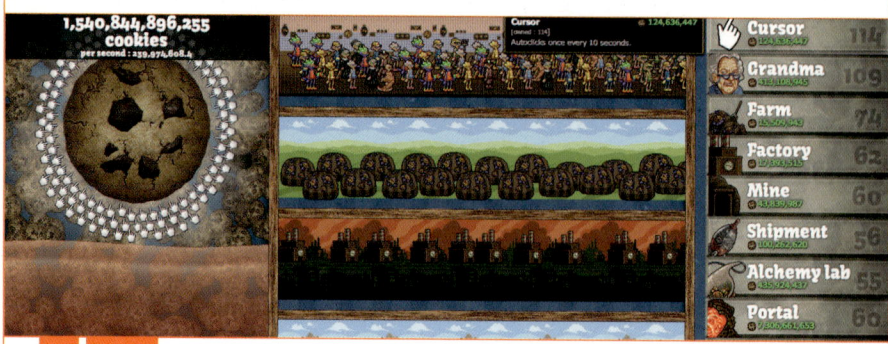

`PC` `Android`

발매연도: 2013 개발: Orteil

가만히 내버려 두기만 해도 되는 게임이 있다면? 그 꿈을 이룬 게임이 바로 「쿠키 클리커」다. 플레이어는 화면에 나타나는 커다란 쿠키를 클릭해서 쿠키를 생산한다. 처음에는 한 번 클릭할 때마다 하나씩 생산할 수 있지만, 생산한 쿠키로 업그레이드를 구매하면 생산 개수를 늘릴 수 있다. 게다가 쿠키 자동 생산 시설을 구매하면 클릭하지 않아도 쿠키가 초마다 쏟아져 나온다. 배로 늘어나는 생산량은 머지않아 천문학적인 숫자로 바뀐다. 늘어나는 숫자를 흐뭇한 눈길로 바라보고는 생산량을 한층 더 늘릴 수 있도록 쿠키를 계속 생산하자. 지금은 하나의 패턴으로 자리 잡은 클리커계, 방치계 게임의 시초가 되는 작품. (요나시)

---

263 PLUG & PLAY

`PC` `iOS` `Android`

발매연도: 2015 개발: Mario von Rickenbach, Michael Frei

게임은 표현 수단의 일종이다. 오늘날에는 게임이라는 매체를 활용해 예술 작품을 발표하는 작가도 많다. 마리오 폰 리켄바흐가 개발한 「플러그 앤 플레이」도 인터랙티브 아트의 측면이 강하다. 플레이어는 콘센트, 전원 플러그, 머리 대신 플러그가 달린 수상한 인간형 생물 등과 마주한다. 이들을 꽂거나 뽑으면서 다양한 액션을 취하면 깜짝 놀랄 만한 피드백이 돌아온다. 생각지도 못한 반응에 잠깐 사고가 멈췄다가 이윽고 이해하게 되었을 때는 뭐라고 형용하기 힘든 감정이 일어난다. 매우 짧고 아스트랄하지만 이 게임만의 독특한 플레이 감각이 게이머들의 호기심을 자극해 많은 관심을 모았다. (요나시)

그래서 인디게임은 무엇인가
그 역사를 되돌아보다(2)

글: 이마이 신

(143p에서 이어짐)

기존 게임 산업은 물리적인 유통을 전제로 했지만 2000년대 후반부터 빠르게 온라인화가 이루어졌다. 스팀은 2005년부터 서드 파티 PC 게임의 온라인 판매를 시작했다. 애플은 2008년 앱스토어를 오픈했다. PC와 스마트폰이 먼저 소규모 개발사를 향해 문을 연 것이다. 가정용 콘솔 게임기 중에는 엑스박스 라이브 아케이드가 2004년 온라인 판매를 시작했으며, 2000년대 후반에 걸쳐 「브레이드(Braid)」「림보(Limbo)」와 같은 명작이 태어났다. 뒤이어 2006년에는 플레이스테이션 스토어, 2007년에는 Wii웨어가 등장해 「월드 오브 구(World of Goo)」「저니(Journey)」와 같은 걸작이 나올 수 있었다. 지금은 거의 모든 플랫폼이 당연하다는 듯이 인디게임을 판매하고 있는데, 이는 2000~2010년대에 일어난 온라인 판매망의 확립 덕분이다.

다음으로 중요한 요소가 유니티와 언리얼 엔진 등 게임 엔진의 보급이다. 예전만 해도 개발자들은 각자 게임 제작 툴을 만들었지만, 3D 게임이 보급되면서 효율을 높이기 위해 타사 게임 제작 툴을 자사 게임 개발에 이용하는 사례가 나타나기 시작했다. 이에 따라 게임브리오나 크라이엔진, 언리얼 엔진 등은 통합된 게임 엔진을 제공하는 비즈니스를 확립했다. 더 나아가 2005년에 등장한 유니티는 '게임 개발의 민주화'라는 신조 아래 소규모 개발팀에게 게임 엔진을 무료로 제공했다. 2015년에는 언리얼 엔진도 무료화를 발표하면서 인디게임의 저변을 넓혔다. 일본의 2D RPG 제작 툴인 RPG 쯔꾸르, 액션 게임에 특화된 게임 메이커, 국제적인 노벨 게임 제작 툴인 렌파이 등도 인디게임을 뒷받침하는 중요한 존재다. 지금은 아마추어도 대부분의 툴을 이용할 수 있다.

마지막으로 언급하고 싶은 것은 어워드나 이벤트를 통해 형성되는 커뮤니티의 가치관이다. 개발자가 주체가 되는 IGF(Independent Game Festival), 도쿄 게임쇼와 함께 개최되는 센스 오브 원더 나이트 등의 어워드에서 높은 평가를 받은 「마인크래프트」「페이퍼즈, 플리즈(Papers, Please)」「안티챔버(Antichamber)」와 같은 작품들은 큰 영향력을 갖는다. 또한 E3, 게임스컴, PAX를 비롯한 대규모 이벤트 외에도 일본의 BitSummit, 한국의 BIC 등 인디게임에 특화된 이벤트에서 개발자의 커뮤니티가 형성된다. 자본의 독립성, 실험 정신, 스토리에 대한 접근 방식 등 '인디게임다운 것이란 무엇인가?' 하는 문제는 이들 커뮤니티 내에서 이루어진 합의의 결과라고 할 수 있다.

필자는 이상 세 가지 요소가 오늘날 인디게임을 성립할 수 있게 한다고 생각한다. 이러한 조건 아래 '인디게임이란 무엇인가?' 하는 문제는 꾸준히 제기되고 있으며, 그 답은 앞으로 시대의 흐름과 함께 변화해 나갈 것이다.

INDEX

5D CHESS WITH MULTIVERSE TIME TRAVEL	158
60 SECONDS!	171
80 DAYS	86
A HAT IN TIME	17
ABSOLUTE DRIFT	52
ANALOGUE: A HATE STORY	95
ANTICHAMBER	115
AXIOM VERGE	43
BASKETBELLE	33
BATTLE CHEF BRIGADE	63
BESIEGE	12
BIT.TRIP RUNNER	49
BLUE REVOLVER	67
BOHEMIAN KILLING	82
BONEWORKS	166
BRIGHT MEMORY	26
BUDGET CUTS	165
BURNING DAYLIGHT	87
BUTTERFLY SOUP	97
CLOCKER	131
COOKIE CLICKER	172
CRAYON PHYSICS DELUXE	122
CRIMZON CLOVER	70
CUT THE ROPE	122
CYPHER	126
CYTUS II	170
DEAR ESTHER	100
DEVIL DAGGERS	23
DIVEKICK	59
DR.LANGESKOV, THE TIGER, AND THE TERRIBLY CURSED EMERALD: A WHIRLWIND HEIST	83
DUCK SEASON	165
DUSK	24
ELONA: ETERNAL LEAGUE OF NEFIA	137
ENVIRONMENTAL STATION ALPHA	34
EPIC BATTLE FANTASY 5	134
EVERY EXTEND	62
EXPLORE FUSHIMI INARI	105
FACTORIO	150
FAULT - MILESTONE ONE	94
FIREWATCH	104
FIVE NIGHTS AT FREDDY'S	164
FLORENCE	130
FRAGMENTS OF EUCLID	118
FTD: FIXIN' TO DIE	54
FTL: 패스터 댄 라이트	153
GANG BEASTS	15
GARRY'S MOD	162
GENITAL JOUSTING	51
GETTING OVER IT WITH BENNETT FODDY	52
GLADIABOTS	152
GOLF WITH YOUR FRIENDS	167
GOROGOA	120
GRAZE COUNTER	71
GREMLINS, INC.	159
GRIM DAWN	137
GRIS	34
HADES	139
HARD WEST	157
HEADLINER: NOVINEWS	112
HELLSINKER.	69
HER STORY	81
HERO SIEGE	138
HIDDEN FOLKS	119
HOLEDOWN	123
HOLLOW KNIGHT	33

HUMAN RESOURCE MACHINE	127	POLY BRIDGE	130
I HATE THIS GAME	126	POST VOID	25
I WANNA BE THE GUY	47	PRINCIPIA: MASTER OF SCIENCE	156
ICEY	44	PROJECT WINGMAN	27
INKED: A TALE OF LOVE	113	PUBG: 배틀그라운드	21
INVERSUS DELUXE	74	PUZZLE PELAGO	128
JET LANCER	72	QWOP	50
KINGDOM	154	REIGNS	147
LONELY MOUNTAINS: DOWNHILL	17	REPLICA	111
LONG LIVE THE QUEEN	92	RIMWORLD	149
MAZE MACHINA	119	RISK OF RAIN	41
MCPIXEL	120	rROOTAGE	67
MONUMENT VALLEY	117	RUINA 폐도의 이야기	135
MOUNT & BLADE: WARBAND	153	RYM 9000	71
MOUNT YOUR FRIENDS	51	SEPTEMBER 1999	82
MOVE OR DIE	61	SUPER HEXAGON	54
MUSE DASH	169	SUPERFLIGHT	12
MY CHILD LEBENSBORN	171	SURGEON SIMULATOR	11
N++	49	TABLETOP SIMULATOR	162
NARCISSU 1ST & 2ND	93	TEARDOWN	11
NIDHOGG	58	THAT DRAGON, CANCER	112
NOITA	41	THE BEGINNER'S GUIDE	99
NOSTALGIC TRAIN	105	THE FRIENDS OF RINGO ISHIKAWA	58
ONE FINGER DEATH PUNCH 2	60	THE IMPOSSIBLE GAME	48
ONE NIGHT, HOT SPRINGS	97	THE LONG DARK	19
ONESHOT	92	THE MISSING -J.J 맥필드와 추억의 섬-	30
OUTER WILDS	83	THE PAINSCREEK KILLINGS	81
OWLBOY	29	THE PLAN	88
OXYGEN NOT INCLUDED	151	THE VAGRANT	35
PARTICLE MACE	62	THE WITNESS	115
PHANTOM DOCTRINE	157	THREES!	124
PHASMOPHOBIA	164	THROUGH THE DARKEST OF TIMES	156
PLANET ALPHA	31	TICK TOCK: A TALE FOR TWO	131
PLANET M.U.L.E.	159	TIMEOUT	89
PLEASE, DON'T TOUCH ANYTHING	110	TO THE MOON	91
PLUG & PLAY	172	TOPSOIL	124

TOWER UNITE	163
UMURANGI GENERATION	84
UNDERTALE	133
UNWORTHY	38
VA-11 HALL-A: CYBERPUNK BARTENDER ACTION	96
VIRGO VERSUS THE ZODIAC	134
VISCERA CLEANUP DETAIL	14
VRCHAT	163
VVVVVV	47
WHAT REMAINS OF EDITH FINCH	102
WHO'S YOUR DADDY	15
WIDE OCEAN BIG JACKET	86
건파이어 리본	23
곤 홈	99
나이트 인 더 우즈	88
네코파라 VOL.1: 솔레이유 개점했습니다!	94
뉴클리어 쓰론	76
다운웰	42
다키스트 던전	136
더 스와퍼	65
더 스탠리 패러블	102
더블 스포일러~동방문화첩	63
데드 바이 데이라이트	13
데드셀	40
데이 아 빌리언즈	150
동굴 이야기	36
동물 타워 배틀	123
동방 루나 나이츠	35
동방홍마향~THE EMBODIMENT OF SCARLET DEVIL.	68
두근두근 문예부!	95
디스 워 오브 마인	45
디스 이즈 더 폴리스	145
러버스 인 어 데인저러스 스페이스타임	75
러프트라우저스	72

레이어스 오브 피어	103
로그 레거시	39
로보토미 코퍼레이션	146
루세티아~아이템 가게를 시작하는 방법~	145
루이너	77
리벨 갤럭시	27
리썰 리그	59
리턴 오브 디 오브라 딘	106
리틀 나이트메어	18
림보	32
마녀의 집	91
마인크래프트	161
마크 오브 더 닌자	46
머시나리움	109
머시룸 11	65
모스	166
미니 메트로	128
미니트	55
바렌투가	155
바바 이즈 유	125
보이드 바스타즈	22
브레이드	64
브로포스	43
비트세이버	170
비홀더	148
삽질 기사	44
섀도우 택틱스: 블레이드 오브 더 쇼군	154
셀레스트	50
솔트 앤 생츄어리	38
수퍼미니멀	118
쉐도우 워리어	22
슈퍼 미트 보이	48
슈퍼브라더스: 소드 앤 소서리 EP	87
슈퍼핫	26
스타듀 밸리	148

스펠렁키	39
스피릿페어러	147
슬레이 더 스파이어	168
시스프리 건틀렛	75
식용계소녀 FOOD GIRLS	146
쓰르라미 울 적에 오니카쿠시 편	93
아오오니	90
아이작의 번제: 리버스	76
아카츠키 전광전기	57
암네시아: 더 다크 디센트	103
어 쇼트 하이크	106
어몽 어스	167
언타이틀드 구스 게임	10
얼티밋 치킨 홀스	60
에스카토스	70
에이프 아웃	55
엔들리스 레전드	155
엔터 더 건전	77
오버쿡! 올 유 캔 잇	14
오웰	111
오푸스 마그눔	127
월드 오브 구	121
웬 더 패스트 워즈 어라운드	113
유메닛키	89
이브	90
인사이드	32
인투 더 브리치	158
작은 마녀 노베타	18
장맛날	84
저니	85
천수의 사쿠나히메	140
캐슬 크래셔	56
커벌 스페이스 프로그램	151
컵헤드	73
켄시	139
크로스코드	56
크립트 오브 더 네크로댄서	169
킵 토킹 앤 노바디 익스플로즈	129
테라리아	42
토치라이트	138
토탈리 어큐레이트 배틀 시뮬레이터	152
트리키 타워스	61
파: 론 세일즈	30
파포 앤 요	10
펀치 클럽	140
페이퍼즈, 플리즈	110
페즈	46
편도 용자	135
포가튼 앤	31
포탈	116
폴 가이즈: 얼티메이트 녹아웃	16
픽셀 갤럭시	74
하이퍼 라이트 드리프터	37
핫라인 마이애미	53
헬블레이드: 세누아의 희생	19
환원 -DEVOTION-	101
휴먼: 폴 플랫	9

A GUIDE TO INDIE GAME
인디게임 명작선

1판 1쇄 | 2023년 8월 28일

지 은 이 | 이마이 신 외 6명
번　　역 | 송해영
감　　수 | 타나카 "hally" 하루히사·이동헌
발 행 인 | 김인태
발 행 처 | 삼호미디어
등　　록 | 1993년 10월 12일 제21-494호
주　　소 | 서울특별시 서초구 강남대로 545-21 거림빌딩 4층
　　　　　 www.samhomedia.com
전　　화 | (02)544-9456(영업부) (02)544-9457(편집기획부)
팩　　스 | (02)512-3593

ISBN 978-89-7849-691-9 (13690)

Copyright 2023 by SAMHO MEDIA PUBLISHING CO.

출판사의 허락 없이 무단 복제와 무단 전재를 금합니다.
잘못된 책은 구입처에서 교환해 드립니다.